BÜZZ

© 2024, Buzz Editora
© 2020, Eberson Terra

PUBLISHER Anderson Cavalcante
COORDENADORA EDITORIAL Diana Szylit
EDITOR-ASSISTENTE Nestor Turano Jr.
ANALISTA EDITORIAL Érika Tamashiro
ESTAGIÁRIA EDITORIAL Beatriz Furtado
PREPARAÇÃO Gabriele Fernandes
REVISÃO Tatiana Custódio e Gabriela Müller
PROJETO GRÁFICO Estúdio Grifo
ASSISTENTE DE DESIGN Júlia França

*Nesta edição, respeitou-se o novo
Acordo Ortográfico da Língua Portuguesa.*

Dados Internacionais de Catalogação na Publicação (CIP)
(Câmara Brasileira do Livro, SP, Brasil)

Terra, Eberson
Manual antichefe: Como enfrentar a toxicidade na gestão e não repetir os mesmos erros ao se tornar líder / Eberson Terra;
São Paulo: Buzz Editora, 2024.
240 pp.

ISBN 978-65-5393-393-4

1. Ambiente de trabalho - Aspectos psicológicos 2. Assédio moral 3. Assédio no ambiente de trabalho 4. Comportamento humano 5. Mercado de trabalho 6. Saúde mental I. Título.

24-227120   CDD-158

Índice para catálogo sistemático:
1. Saúde mental: Ambiente de trabalho: Psicologia 158
Aline Graziele Benitez, Bibliotecária, CRB-1/3129

Todos os direitos reservados à:
Buzz Editora Ltda.
Av. Paulista, 726, mezanino
CEP 01310-100, São Paulo, SP
[55 11] 4171 2317
www.buzzeditora.com.br

EBERSON TERRA

MANUAL ANTICHEFE

**Como enfrentar a toxicidade na gestão
e não repetir os mesmos erros
ao se tornar líder**

7
Prefácio

11
Todo mundo já trombou com chefes ruins por aí

21
1. NINGUÉM OS SUPORTA, MAS ELES CONTINUAM EXISTINDO AOS MONTES

Por que as empresas ainda dão espaço para chefes ruins?

Tamanho de empresa é documento?

Feudalismo corporativo

As leis contra o assédio

A ética na liderança

49
2. COMO NASCE UM CHEFE RUIM?

A falta de autoconhecimento

Não é porque aprendeu apanhando que vai ensinar batendo

Blindando o contato da equipe com bons líderes

O mito do "aqui somos uma família"

Os perigos do discurso da falsa meritocracia

Ambientes tóxicos podem contaminar um bom líder?

77
3. A ANATOMIA DO CHEFE RUIM

Desvendando os mistérios da mente de um chefe ruim

Baixa autoestima

Insegurança

Insensibilidade

Egoísmo

Impulsividade

Indiferença

Psicopatas corporativos

Modus operandi

109
4. TIPOS DE CHEFES RUINS E COMO LIDAR COM ELES

Saindo de estereótipos corporativos para compreender padrões reais e nocivos nas empresas

O tirano

O politiqueiro

O microgerente

O omisso-permissivo

O guardião da verdade

O multiplicador de ansiedade

O gladiador

O bélico

O acumulador de problemas

O espalha-promessas

161
5. ESTRATÉGIAS PRÁTICAS DE NEUTRALIZAÇÃO E SOBREVIVÊNCIA

É possível estabelecer níveis para as lideranças tóxicas?

Identificando sintomas no ambiente de trabalho

Em quem confiar?

Desenvolvendo a antifragilidade sob uma liderança tóxica

Desistir é uma opção?

189
6. QUEBRANDO O CICLO

Preparando a liderança para ser à prova de toxicidade

Inúmeros caminhos, mas apenas um levará ao sucesso: o da humildade!

Liderando em alta performance

215
CONSIDERAÇÕES FINAIS: O FUTURO DA LIDERANÇA

Quiet ambition: nem todo mundo está a fim de liderar

Gestão libertária

Liderando rumo ao futuro e não ao passado

Agora, chegou o momento de você colocar tudo isso em prática!

Uma última e singela mensagem

Carta de um líder especial

237
Agradecimentos

Prefácio

Luciano Santos

Quando assumi um de meus maiores desafios como líder, a gestão de um time espalhado por três escritórios da América Latina, uma de minhas primeiras responsabilidades foi contratar gerentes para apoiar a expansão da equipe.

Sempre fui, e sou, fã de contratar a prata da casa, e o primeiro lugar no qual busquei talentos foi no time que eu gerenciava de modo direto e em outras áreas que interagiam conosco. Depois de uma intensa divulgação da vaga internamente, conseguimos levantar um bom grupo de candidatos, dando início ao processo de entrevistas.

Já numa fase avançada da seleção, eu estava considerando dois profissionais para a posição quando algo curioso aconteceu. Duas pessoas me procuraram para dar feedback sobre um dos candidatos (apesar de naquela etapa o processo ser, em teoria, confidencial). Os feedbacks foram bem parecidos: o candidato era extremamente agressivo no dia a dia e tinha dado muitos exemplos de falta de respeito com os colegas.

Uma das confidentes que me procurou seria a futura subordinada dele e foi categórica ao dizer que, se ele fosse escolhido para a vaga, ela tentaria uma transferência interna ou até mesmo consideraria deixar a empresa.

Surpreso e um pouco chocado com aquelas informações, resolvi validar a percepção com o então líder direto do candidato, alvo daquelas graves acusações. O líder não apenas confirmou, como reforçou que, apesar de o colaborador ser um excelente profissional que entrega acima da média, ele era realmente tido como uma pessoa difícil de lidar e por isso nunca conseguiu alcançar um cargo de gestão em suas três tentativas anteriores.

Diante desse impasse, o que você faria se estivesse em meu lugar?

Quando trago esse caso para discussão em meus treinamentos de liderança, geralmente a resposta é rápida e curta: basta tirá-lo do processo.

Sim, com certeza esse é um motivo justo para reprovar um candidato. Não há espaço para agressão e falta de respeito em um cargo de tamanha responsabilidade, mas também era preciso dar ao profissional um feedback claro e transparente sobre o ocorrido, e foi o que fiz.

Eu o chamei para uma conversa e fui bastante honesto sobre as críticas que recebi a respeito dele e sobre como ele precisava trabalhar aqueles pontos antes de assumir uma vaga de liderança. Sua resposta me deixou ainda mais surpreso: ele não sabia que as pessoas tinham aquela percepção a respeito dele.

Nos três anos em que todo o seu drama se desenrolou, ao longo das negativas que teve, ninguém — principalmente seus gestores, que sabiam muito bem o que estava acontecendo — lhe deu feedback. Ali estava eu, diante de um candidato "bloqueado" para oportunidades por motivos que ele desconhecia.

Depois de nossa conversa, o profissional absorveu por completo minhas considerações, mudou radicalmente sua postura e hoje ocupa um cargo de gestão em uma grande empresa de tecnologia.

Esse caso mostra como um gestor mal treinado, que foge de suas responsabilidades, pode bloquear profissionais e até mesmo destruir a carreira deles ao não dar orientação quando necessário.

Como educador corporativo e mentor, vejo isso acontecer o tempo todo: gestores que não sabem comunicar nem dar ritmo aos times; que não conseguem pensar em todas as partes que compõem o sistema corporativo; que não são capazes de criar uma cultura equilibrada; e, os mais desagradáveis em minha opinião, que não sabem dar (e receber) feedback.

Esses gestores, ou, como diz um amigo, "moedores de gente", estão em toda parte. E o problema é bem pior do que parece. Fiz uma pesquisa com 6500 líderes aplicando a seguinte pergunta:

"Depois que você se sentou em uma cadeira de chefia, já fez algum treinamento para liderar pessoas?"

Apenas 43% responderam que sim. Mais da metade dos gestores não recebeu treinamento para lidar com pessoas e, os que estudaram esse tema, às vezes o fizeram de forma precária ou rasa.

Entendeu o tamanho do problema?

Quero fechar este texto com duas reflexões. A primeira vai para você, líder: se você escolheu estar em uma posição de gestão (liderança é uma escolha!), é sua obrigação ir atrás de conhecimento e preparação. Liderança não é privilégio, cargo bonito, status ou coisas dessa natureza, e sim uma imensa RESPONSABILIDADE. Se você decidiu assumir essa responsabilidade, tenha comprometimento!

A segunda é para todo liderado que vai, hora ou outra, cair na mão dos 57% de gestores mal preparados que inundam o mundo corporativo: você precisa aprender a lidar com eles, por mais difícil que seja. Não podemos obrigar as empresas a treinar com excelência seus gestores, mas podemos entender a dinâmica do mercado de trabalho e o papel dos chefes ruins para navegar da melhor forma que pudermos.

Por isso, quando o professor Eberson Terra me convidou para escrever o prefácio deste livro, fiquei radiante! Finalmente alguém experiente e capacitado preparou uma ferramenta para que centenas de milhares de profissionais tenham chance de aprender a lidar com chefes ruins.

Em algum momento de sua carreira você precisará sacar esta ferramenta, todos vamos.

Luciano Santos é educador corporativo, palestrante e autor do best-seller *Seja egoísta com sua carreira* (2021).

Introdução

Todo mundo já trombou com chefes ruins por aí

Calma, você não está sozinho nessa, tampouco foi o único a ter a carreira impactada negativamente por uma liderança despreparada.

Aliás, será que podemos chamá-la de liderança mesmo? Seria impossível começar este nosso bate-papo sem mencionar o uso de duas nomenclaturas que há anos o mundo corporativo debate se são sinônimas: chefe e líder. Afinal, chefes não necessariamente são líderes.

O senso comum trata o termo "chefe" de forma pejorativa, como se chefes fossem ruins, enquanto o líder, como a própria origem da palavra diz (*lædan*, do inglês arcaico), é considerado um guia com capacidade de inspirar, potencializar resultados das outras pessoas e, por isso, é visto como bom.

É verdade que chefes, segundo essa crença popular, não podem ser chamados de líderes, mas o significado etimológico do termo "chefe" vem do latim: *caput* ou cabeça. Logo, essa palavra é utilizada para definir quem está em níveis superiores na estrutura organizacional.

Ao pé da letra, até podemos dizer que chefes são munidos de poder por ocuparem posições de liderança, mas não quer dizer que tenham as competências necessárias para exercer tais cargos.

E quem nunca viu ao menos um profissional despreparado sentado nessa cadeira?

É incrível como entra ano, sai ano e as mesmas pesquisas sobre clima organizacional, saúde mental na vida laboral e os motivos pelos quais os profissionais mais sofrem no ambiente corporativo reafirmam aquilo que todos já sabem: o maior vilão das relações de trabalho é a existência de lideranças inadequadas que sugam a energia das equipes, diminuem a produtividade e destroem os valores nas empresas.

Esse dado pode explicar o recorde de demissões voluntárias em 2023 no Brasil que, segundo a LCA Consultores, utilizando a base de dados do Ministério do Trabalho e Emprego, atingiu cerca de 7,3 milhões.[1]

Outro levantamento, realizado em 2019 pela Michael Page,[2] uma das consultorias de recrutamento mais respeitadas do mundo, revelou que oito em cada dez profissionais que pedem demissão ao redor do globo o fazem por causa do chefe.

O que significa que pelo menos 80% de quem pede demissão já conviveu com líderes tão ruins a ponto de entender que a única saída possível seria desistir do emprego.

Então, poderíamos deduzir que 20% nunca tiveram problemas com a chefia? Não necessariamente, pois o que mais encontramos por aí são pessoas com a saúde mental devastada e que não podem se desligar de lugares tóxicos por necessidade financeira ou inexperiência, acreditando que essas situações são comuns a qualquer empresa.

Quando jovem, ainda sem a maturidade de um profissional que teve as mais variadas experiências, ser exposto a um chefe ruim pode render marcas difíceis de curar. Eu sei muito bem como isso é e tenho certeza de que você também sabe, pois o mundo inteiro reconhece a existência desse problema no mercado de trabalho.

---

[1] G1, "Por que cada vez mais brasileiros estão pedindo demissão?". 7 ago. 2024. Disponível em: <https://g1.globo.com/trabalho-e-carreira/noticia/2024/06/07/por-que-cada-vez-mais-brasileiros-estao-pedindo-demissao.ghtml>. Acesso em: 22 ago. 2024

[2] G1, "8 em cada 10 profissionais pedem demissão por causa do chefe; veja os motivos". 22 nov. 2019. Disponível em: <https://g1.globo.com/economia/concursos-e-emprego/noticia/2019/11/22/8-em-cada-10-profissionais-pedem-demissao-por-causa-do-chefe-veja-os-motivos.ghtml>. Acesso em: 1º ago. 2024.

Lembro-me perfeitamente da primeira experiência profissional que tive e como ela foi importante para minha carreira, exceto, é claro, pela cicatriz gigante que um desses chefes despreparados deixou em mim.

Durante o segundo ano da faculdade em análise de sistemas, fui contratado como estagiário em uma empresa de desenvolvimento de software. Apesar da pouca experiência, tive oportunidade de conduzir projetos, desempenhar diversos papéis que ajudaram a amadurecer minhas *soft skills* e principalmente a realizar cursos incríveis pagos pela companhia.

A pressão era grande, mas eu tinha o respaldo de uma liderança acolhedora e, por maiores que fossem seus *gaps* para conduzir da melhor maneira o time, eu estava confortável com nossa relação até aquele fatídico dia.

Já prestes a me formar e quase três anos trabalhando por lá, recebi uma proposta de emprego em outro estado com remuneração um pouco melhor. Era uma chance de ouro, eu avançaria em minha vida profissional com um grande desafio e um salário maior.

Antes de tomar qualquer decisão joguei às claras, fui franco sobre a oferta e aguardei (como tantos profissionais fazem) uma possível contraproposta que, ao menos, igualasse a oferta. Após perceber que não teria na empresa atual o mesmo salário oportunizado pela posição que me foi proposta, aí sim oficializei minha demissão, que aconteceria no final daquele ano, e foquei a busca de meu sonho.

Para minha surpresa, os últimos meses de trabalho foram bem diferentes da época anterior. Após comunicar minha saída, o chefe de meu chefe começou uma forte chantagem emocional dizendo que eu havia feito um curso muito caro à custa da empresa já sabendo que sairia. A acusação, além de leviana, recaía não em minha produção ou na qualidade de minhas entregas, mas em meus valores pessoais.

Naquele momento percebi que a estratégia da gestão para proteger seu banco de talentos era atacar a ética de quem estava de partida. Espalhar para todos de meu time (e até mesmo de outras áreas) que eu tinha usado a empresa para benefício próprio foi um golpe certeiro naquilo que nós, profissionais de verdade, mais zelamos: a reputação.

Enquanto a situação degringolava em uma espécie de guerra fria, meu líder direto assumia a mesma postura de seu superior, talvez pela própria dependência de se manter no cargo, talvez por também pensar que eu tinha agido de má-fé.

Sem suporte ou apoio, terminei todas as minhas atividades com a seriedade e o compromisso de sempre até o último dia, quando finalmente a toxicidade veio à tona em forma de gritos na sala do RH.

Ofereci então que debitassem de minha rescisão o valor do tal curso, mas não aceitaram. Aquela não era, e acredito que nunca tenha sido, a questão. Saí dali livre, sem dever nada para ninguém, porém algo havia se quebrado dentro de mim, e colar os cacos não foi nada fácil depois.

Essa pequena fração de minha experiência profissional abriu uma ferida muito dolorida e por isso a busca do autoconhecimento na época foi meu melhor curativo. Iniciar a carreira enfrentando situações delicadas que envolvem autoestima é cruel. Não ter suporte pode até comprometer a produtividade, mas nada é tão degradante quanto ter valores desrespeitados ou a capacidade de entrega questionada.

Demorou para eu me curar, precisei amadurecer, então percebi que o problema não estava em mim, e sim no despreparo generalizado de uma liderança com receio de ver sua equipe se esfacelar.

Por sorte — sim, sorte —, depois desse episódio pude conhecer e trabalhar com líderes incríveis que me ajudaram a crescer profissionalmente. Digo sorte, porque é quase impossível assumir novos desafios na carreira sabendo como será a liderança que nos aguarda.

Apesar de parecer uma loteria com baixa probabilidade de vitória, acredite, existem mais líderes buscando ajudar seu time do que atrapalhá-lo.

É por isso que esta obra vai funcionar como uma espécie de pêndulo, trazendo comparativos e paralelos sobre as diferenças dos métodos de atuação de gestores, demonstrando como as mesmas situações são distintamente tratadas por chefes ruins e por líderes de verdade.

Chefes podem até ocupar posições de liderança, mas isso não quer dizer que tenham as competências necessárias para exercer tais cargos.

Será que todo chefe tem uma postura agressiva?

Muita gente acredita que lideranças ruins ajam assim por serem verdadeiramente más, com ações desproporcionais, berros e coisas do tipo todos os dias, mas não podemos concluir de forma maniqueísta que líderes bons são sempre bons e chefes maus, sempre maus.

Precisamos deixar claro que essa zona cinzenta onde acontecem práticas tóxicas e moram psicopatas corporativos é a mesma em que estão líderes de primeira viagem e gente boa e competente que está passando por períodos difíceis.

A postura tóxica surge e contamina uma liderança principalmente quando ela está sob uma situação de ameaça. É quando ela deixa de confiar no próprio time e passa a agir para a própria proteção.

Costumo comparar chefes imaturos com bichos selvagens que, se acuados, atacam. E, quando eles precisam repetir essa tática diariamente, acabam incorporando o hábito à rotina, criando um modus operandi que passa a fazer parte de sua "natureza".

É nesse cenário de medo de involuntariamente gerar uma ameaça ao próprio chefe que a maioria dos profissionais precisa trabalhar. Tenho certeza de que você já ouviu a expressão "pisar em ovos", e ela faz muito sentido por aí.

Só que viver nessa eterna tensão para não incomodar um dragão adormecido já é o suficiente para tornar o ambiente insalubre, e o receio de sofrer represálias do chefe acaba inibindo a produtividade a ponto de paralisar o desenvolvimento de bons profissionais.

Para você entender como esse medo anula bons profissionais, em 2021 uma pesquisa da agência internacional OnePoll indicou que 62% dos trabalhadores americanos se preocupavam com o julgamento do chefe caso precisassem se ausentar do trabalho para cuidar da saúde mental, acreditando que a liderança fosse pensar algo ruim deles.[3]

Resumindo, ambientes tóxicos não são constituídos apenas por gritos, xingamentos e grosseria. A falsa sensação de paz diante do silêncio no departamento pode esconder armadilhas na pausa para o café e em conversas despretensiosas.

E os liderados? Como ficam nessa história?

> Desde o início preciso deixar claro que todo tipo de assédio, identificado e tipificado em lei, precisa ser denunciado. No caso do assédio sexual, falamos da caracterização de crime há mais de vinte anos na legislação brasileira, mas, quando abordamos o assédio moral, existe uma questão subjetiva que dificulta sua apuração. Por isso, assistimos diariamente a chefes ruins com métodos de trabalho e convivência desgastantes, em que os subordinados muitas vezes não conseguem comprovar a existência da infração. Adiante, teremos um capítulo específico para te ajudar a identificar e lidar com o tema "assédio", contudo é importante ressaltar que este livro trabalhará em especial com nuances de lideranças tóxicas e despreparadas que não necessariamente seriam classificadas como assédios pela lei.

---

[3] Forbes, "Setembro Amarelo: pesquisas mostram onde estão as empresas em relação à saúde mental". 4 set. 2023. Disponível em: <https://forbes.com.br/carreira/2023/09/setembro-amarelo-pesquisas-mostram-onde-estao-as-empresas-relacao-a-saude-mental/>. Acesso em: 22 ago. 2024; Forbes, "American Workers Are Afraid to Take Time Off New Study Finds". 13 maio 2021. Disponível em: <https://www.forbes.com/sites/bryanrobinson/2021/05/13/american-workers-are-afraid-to-take-time-off-new-study-finds/>. Acesso em: 22 ago. 2024.

Dado o contexto, começo alertando (e nunca cansarei de repetir) que nenhum profissional, por mais casca-grossa que seja, merece passar por experiências tóxicas, opressoras e que, de alguma forma, prejudiquem sua saúde mental ou física.

Jamais o trabalho deve ser uma fonte de sofrimento. Todos nós temos o direito de desempenhar nossas funções em ambientes seguros e saudáveis, apesar de nem sempre eles serem oportunizados pelas empresas. Assim, muita gente sofre e acaba tolerando situações degradantes para dar uma vida melhor para sua família.

Ainda mais em uma sociedade tão desigual como a nossa, na qual o subemprego muitas vezes acaba sendo a única opção até para profissionais experientes e em que os salários oferecidos beiram a indecência. Dessa forma, não podemos julgar quem aceita enfrentar ambientes tóxicos em troca de uma proposta financeira atraente. Talvez, para a pessoa, aquela seja a esperança de um futuro melhor.

Apesar de compreender, preciso deixar um segundo ponto de atenção: tal situação precisa ser encarada como provisória. Suportar chefes ruins gera estresses que podem adoecer o indivíduo, fazendo-o necessitar de afastamento temporário ou causando perdas irreparáveis em suas relações sociais.

Por tudo isso, alerto a você, profissional, que não se culpe por ter caído em uma situação como essa. Você não é a causa do problema, tampouco o fator que leva alguém a se transformar em chefe ou o responsável pelas falhas ou falta competência de um líder. Busque compreender que, mesmo com qualificação e altíssima performance, você nem sempre será bom o suficiente para um líder ruim.

Então você deve estar se perguntando: será que não deveríamos estar discutindo o combate aos chefes ruins em vez da tolerância a eles?

Não apenas eu, mas muita gente engrossa o time dos inconformados, daqueles que lutam diuturnamente para erradicar tais figuras do mundo corporativo. Contudo, você há de concordar que, enquanto isso não acontece (se um dia acontecer), temos que saber lidar com situações indesejadas e que, na maioria das vezes, não teremos poder para alterar.

Em meu segundo livro, *Sabático: O poder da pausa*, escrevi uma frase que retrata os limites que todo profissional deveria checar ao enfrentar uma relação tóxica, e gostaria de trazê-la para o contexto da convivência com chefes ruins: "Sair de um emprego tóxico não pode ser tão rápido que destrua sua saúde financeira, nem tão tarde que destrua sua saúde mental".

Se não podemos simplesmente chutar o balde, dadas as nossas responsabilidades, precisamos nos preparar para um período curto mas inevitável de convivência com um chefe ruim.

Pessoas que trabalham em ambientes tóxicos devem buscar ajuda permanente, mantendo uma rede de apoio com amigos, familiares e profissionais. Nunca negligencie sua saúde mental e, ao sentir necessidade, não se furte de falar com um psicólogo dentro ou fora da empresa. Aliada a essa rede de apoio, desenvolver sua inteligência emocional será essencial para passar por esse período turbulento na carreira, e é esse contexto que o livro que você tem em mãos foca.

Saber identificar, mapear o modus operandi e criar estratégias de proteção é fundamental para sermos menos impactados por chefes ruins ao longo de nossa trajetória profissional.

Muitas vezes será uma jornada solitária, rodeada de colegas tão tóxicos quanto a liderança. Outras, você encontrará suporte até em pessoas na empresa que jamais considerou, porém o mais importante é se dedicar ao autoconhecimento. Ele será indispensável para traçar as melhores saídas contra a opressão, a exposição ou quando levantarem dúvidas sobre sua ética.

A realidade é que, enquanto o mundo corporativo não expurga os chefes ruins das empresas e as organizações não estabelecem um ambiente de trabalho apropriado — algo que julgo distante de ocorrer —, todo profissional que cruza com um deles precisa estar preparado para enfrentá-lo com sagacidade, sabedoria e principalmente paciência.

1

NINGUÉM OS SUPORTA, MAS ELES CONTINUAM EXISTINDO AOS MONTES

Por que as empresas ainda dão espaço para chefes ruins?

É difícil enumerar todos os motivos que levam a alta gestão de uma companhia a manter, por longos períodos, chefes que assumidamente possuem uma postura danosa ao time e à própria empresa.

O mais comum e perigoso é a dívida de gratidão. Seja porque um chefe ruim ajudou a criar o negócio do zero, a expandir as margens de lucro, seja porque reergueu a organização do fundo do poço.

É inegável que chefes ruins podem trazer bons resultados para a empresa no curto prazo. Geralmente, quando isso acontece, eles são munidos de mais poder a cada nova entrega financeira, deixando os donos, acionistas e presidentes entusiasmados.

Porém, a distância da operação ou mesmo a falta de interesse em saber quais os métodos utilizados por esses chefes para trazer resultado fazem as altas cúpulas simplesmente ignorarem, de forma inescrupulosa, a maneira que o sucesso foi atingido. Aqui mora o perigo.

O jogo do "resultado a qualquer custo" ilude, ou pior, acostuma as empresas que se veem em uma curva ascendente de crescimento a conceder mais espaço para chefes ruins, mesmo que estes venham a violar a cordialidade, o respeito e a ética com equipes, fornecedores e clientes.

É comum nesse cenário que a liderança caia na armadilha do "contra números não há argumentos", sem ao menos considerar outros indicadores periféricos na conta. É o famoso "em time que está ganhando não se mexe". Dessa maneira, a cultura e o ambiente da companhia começam a deteriorar rapidamente.

Essa concessão de poder, que se torna uma espécie de cheque em branco, permite que chefes ruins tomem decisões monocráticas, como demitir desafetos, mudar práticas de gestão e blindar a comunicação do time para que seus assédios não sejam descobertos. Tudo justificado pelo possível retorno financeiro que essas ações trarão.

Mas, e se a empresa está passando por apuros, ter um chefe assim não é bom?

Você já ouviu falar no termo "*turnaround*"? No mundo corporativo, quando uma empresa está com dificuldades, ela precisa passar por uma mudança profunda se quiser continuar no mercado. Essa prática de "reviravolta" — por isso o nome — busca tirar uma companhia da crise para colocá-la de novo nos trilhos, o que significa aplicar um tratamento de choque.

Ao longo dessa faxina interna, a empresa decide que é necessário trazer mais agressividade para o modelo comercial, ser mais incisiva no corte de despesas e atribuir responsabilidades a profissionais mais pragmáticos.

Geralmente, quando a alta gestão decide realizar um movimento de *turnaround*, busca líderes capazes de realizar medidas que, apesar de necessárias, são pouco agradáveis. Seja internamente, seja no mercado, encontrar pessoas que consigam lidar com ações impopulares entre o time, porém primordiais para a sobrevivência da companhia, passa a ser o objetivo central. Muitas vezes nesse processo são deixados de lado alguns valores importantes da cultura organizacional para que tais medidas de reversão realmente funcionem.

Enquanto líder, tive experiências em que entendi a real importância de "cortar na carne", ou seja, ter que fazer reduções drásticas de funcionários, demitindo não apenas aqueles de baixo desempenho, mas também bons profissionais, pois naquele momento a empresa não tinha capacidade financeira de mantê-los.

É uma situação muito triste e desgastante para quem sai e para quem fica, porque o medo de ser o próximo da lista acaba contagiando o restante da equipe. Porém, quando essa ação é tomada a fim de dar fôlego para a empresa se recuperar, é bem-vinda e passa a ser coerente com o propósito de sobrevivência da organização.

Acontece que esse "tratamento de choque" deve ser encarado como um projeto, com início, meio e fim, para não tornar o ambiente corporativo extremamente inseguro. Infelizmente, quando esse modelo é fortalecido pela ganância por mais resultados, a saúde financeira da empresa passa a ser o único critério para avaliar se a gestão é boa ou ruim, fortalecendo a confiança no trabalho daqueles chefes mais inescrupulosos.

Inúmeros autores e estudiosos da psicologia afirmam que, ao longo de meses e anos, essa confiança passa a distorcer a convivência entre os indivíduos. Bradach & Eccles, por exemplo, apontam que a confiança pode afetar o equilíbrio das relações de troca com o passar do tempo.[1]

Se no início de uma relação a confiança é baseada na objetividade, na autoridade e em questões mensuráveis, ao longo do relacionamento ela pode se transformar, através de arranjos informais, em uma troca baseada em outro contexto, como nos laços de amizade. Repito: AMIZADE! Ou seja, aos poucos a confiança que nasce com a visão de resultados palpáveis passa por um relaxamento natural, dando lugar a uma construção afetiva e permissiva.

Isso quer dizer que as fichas depositadas em chefes ruins observando suas conquistas de curto prazo podem afetar a percepção da realidade e aumentar a sobrevida deles na empresa, mesmo que venham a gerar mais prejuízos do que resultados.

---

1 Jeffrey L. Bradach e Robert G. Eccles, "Price, Authority, and Trust: Fromm Ideal Types to Plural Forms". *Annual Review o Sociology*, v. 15, pp. 97--118, 1989. Disponível em: <https://www.annualreviews.org/content/journals/10.1146/annurev.so.15.080189.000525>. Acesso em: 24 ago. 2024.

E essa sobrevida é eterna? Não, mas pode perdurar o suficiente para causar muitos estragos.

Infelizmente, tais prejuízos só são percebidos após a debandada de talentos, a queda dos resultados financeiros ou ainda quando a redução da qualidade de produtos e serviços é tamanha que os clientes desaparecem.

Ao chegar a esse ponto, a empresa finalmente começa a implantar indicadores sociais (como a taxa de turnover) para detectar o que está acontecendo e só assim compreender como a cultura organizacional foi destruída, o ambiente se tornou tóxico e a operação foi devastada.

Então você se pergunta: "Será que ninguém percebeu o que estava acontecendo?"

Confesso que nunca vi empresários ou CEOS inocentes o suficiente para não perceberem que algo de errado estivesse acontecendo dentro de suas próprias companhias.

Dosar o risco faz parte da veia empreendedora. É natural que essa habilidade também esteja envolvida na concessão ou retirada de poder nas linhas hierárquicas mais baixas. Se o negócio precisa de uma mudança na gestão para prosperar, a direção sempre calculará os riscos entre demitir ou dar mais poder para um chefe ruim na empresa.

E, assim como acontece em relacionamentos tóxicos, o lado que pensa ser dependente do outro protela ao máximo o rompimento por acreditar que as coisas podem melhorar um dia. "Daremos uma chance por causa de seu passado aqui dentro"; "Ele(a) vai dar a volta por cima"; "Ele(a) precisa de mais tempo para resolver isso" são algumas frases que já ouvi por aí e que comprovam essa atitude.

Mas depois de certo tempo, quando as coisas ficam insustentáveis, apenas três caminhos são possíveis: (1) decidir pela saída imediata do funcionário, (2) acontecer um milagre que transforme o chefe em um líder da noite para o dia ou (3) deixar a situação como está.

Nas duas primeiras opções o problema é solucionado, mas na terceira os talentos se retraem em suas reclamações, a empresa vai sobrevivendo na mediocridade e acaba relevando os conflitos, incorporando-os de tal modo que eles passam a fazer parte da cultura organizacional.

Se a decisão de permanência do chefe ruim não é mais questionada, mesmo depois dos estragos causados, podemos considerar, então, que a conivência assume papel central no processo de gestão.

E, quando fica estabelecido que em determinada área hábitos ruins são tolerados, a empresa oficializa que tais atitudes podem ser replicadas pelos demais líderes da companhia sem nenhum tipo de punição.

É por isso que chefes ruins vão se perpetuando nas organizações e, pior, estrangulando-as de dentro para fora, proliferando uma má conduta.

 A dívida de gratidão é a forma mais comum de perpetuar chefes ruins nas empresas.

Tamanho de empresa é documento?

Ao longo de vinte anos de carreira vivenciei a rotina de todo tipo de empresa: familiares de pequeno porte, familiares que se profissionalizaram, as de médio porte que foram compradas por companhias maiores e até as S.A., listadas em bolsa. Em todas elas, em diferentes graus, encontrei chefes tóxicos.

A existência de lideranças com algum desvio de conduta, prejudicando a saúde mental e o desenvolvimento de seus times, é mais comum do que podemos imaginar.

Em empresas menores e familiares, as relações domésticas muitas vezes se confundem com os papéis dentro da organização, onde o profissionalismo deveria imperar. Pais empresários que tentam doutrinar os filhos em posições de menor escalão são um caso clássico em que a toxicidade na liderança é dominada por questões emocionais.

Na maioria das experiências enxergamos a linha hierárquica e as disputas de poder dentro da empresa como uma cópia fiel da estrutura familiar. Assim as mesmas distorções encontradas em casa se replicam no trabalho, como o exemplo de filhos que são impedidos de inovar ou que têm total liberdade para cometer atrocidades na organização sem serem punidos.

Já em empresas com algum grau de profissionalização e que seguem processos de contratação e promoção estabelecidos, as lideranças tóxicas podem nascer justamente pela dor do crescimento.

André Souza, executivo de RH com passagem em empresas globais como Bayer e Monsanto e atualmente CEO da Futuro S.A., acredita que inúmeros profissionais sejam alçados a postos de liderança sem a devida preparação.

Muitas vezes a empresa está crescendo depressa e promover alguém tecnicamente bom acaba sendo a opção mais rápida, em função dessa pessoa já conhecer a cultura organizacional. Contudo, essa decisão é tomada sem que o colaborador tenha tido treinamento adequado ou sido testado em pequenos projetos antes.

Fora que alguns desses profissionais nem gostariam de assumir tal posição, mas acabam aceitando o desafio por enxergarem apenas essa opção de ascensão ou simplesmente para ganharem mais.

Conforme o porte da organização vai crescendo, observamos um distanciamento natural da alta gestão, novas linhas hierárquicas são criadas e a diluição de poder fica ainda mais visível.

Em culturas organizacionais mais fracas, em que pilares e valores não são difundidos por todas as camadas da empresa e a distribuição das atividades por área não é oficializada, percebemos uma proliferação de chefes ruins, justamente por quererem ocupar e tomar posse de processos sem uma definição clara da estrutura hierárquica. Nesses casos, a síndrome do pequeno poder se revela com mais intensidade.

Para a socióloga brasileira Heleieth Saffioti, essa síndrome é um conjunto de atitudes autoritárias vindas de um indivíduo que, empossado de algum poder, por menor que seja, usa-o de forma abusiva e imperativa sem se preocupar com as consequências que possam vir a ocasionar.

Um exemplo para lá de batido nos departamentos das empresas é quando deparamos com um agente do autoritarismo buscando de todas as formas diminuir o trabalho de colegas, e até da própria equipe, apenas para demonstrar que ele sabe mais ou que poderia fazer melhor.

Quem nunca passou pela situação vexatória de ter o trabalho criticado em público pelo próprio chefe, mesmo que tenha atuado com o máximo de zelo e cuidado e gerado o resultado desejado? Creio que todos nós já sofremos ou vimos alguém sofrer com isso.

O abuso do poder não está impregnado apenas nas relações profissionais, mas na sociedade como um todo. O relacionamento amoroso amparado na misoginia, em que o homem exerce poder emocional sobre a mulher, ou ainda na relação parental, na qual pais oprimem os filhos como método de educação, são exemplos dessa síndrome. Esse poder ilusório vem de tradições sociais, religiosas ou dogmáticas, usadas como justificativa para os comportamentos violentos de quem o exerce.

Mais um exemplo bastante comum é quando um pai impõe ao(à) filho(a) que siga sua profissão, utilizando a ascendência para perpetuar uma tradição familiar, que com frequência é apenas um desejo ou uma frustração pessoal projetada de um indivíduo para o outro.

Na liderança, esse comportamento revela a opressão, muitas vezes ostensiva, usada por um chefe para reforçar a posição de submissão que os liderados devem manter diante dele. Quando o desejo de que seu poder seja supervalorizado dentro da empresa não é atendido, já que geralmente esses chefes não conseguem se impor a colegas de mesmo nível hierárquico ou superior, eles acabam descontando toda a sua frustração nas linhas hierárquicas mais baixas da organização.

Quantas vezes você já presenciou alguém do alto escalão desdenhando, ignorando ou, pior, sendo rude com profissionais de menor influência na estrutura da empresa?

É impossível não nos lembrarmos do filme *O diabo veste Prada*, estrelado por Meryl Streep e Anne Hathaway e baseado no livro homônimo de Lauren Weisberger. As cenas de Miranda, editora-chefe de uma revista de moda, com Andy, sua estagiária, beiram a bizarrice.

Apesar de a princípio parecerem exageradas, as situações do filme retratam a rotina real de muita gente no mundo corporativo, pessoas que precisam agir como funcionários particulares para atender às vontades e aos devaneios do chefe, extrapolando as funções de seu cargo justamente para mantê-lo.

É assim que passamos a compreender a maioria das humilhações desferidas a profissionais de áreas periféricas da empresa. Infelizmente recepcionistas, seguranças, funcionários da limpeza e afins são os que mais sofrem com essa mania de grandeza, principalmente através de um tratamento desumano e degradante.

Já no próprio time, o chefe muitas vezes se utiliza de argumentos arrogantes para rebaixar a equipe, como o de "só estou cumprindo meu papel", tirando dos colaboradores a autonomia, a criatividade e até o acesso a outras lideranças.

 Líderes fracos buscam culpados, e não soluções.

Se em qualquer empresa pode existir chefes ruins, como cada uma reage a eles?
Existem diversos fatores que impedem as empresas de reagir aos efeitos danosos provocados por um chefe ruim, dentre eles está o tempo gasto para detectar que aquilo é, de fato, uma situação a ser combatida.

Empresas mais agressivas, ao tomarem ciência do problema, podem tomar a decisão de uma demissão imediata, já outras mais compassivas podem dar mais chances de recuperação ao profissional com má conduta.

Se pudéssemos fazer um exercício livre e baseado nas situações que estudei nas mais de cem empresas que tive contato, eu diria que o tamanho da organização é uma questão importante a ser considerada, pois isso influencia diretamente a análise do problema, para o bem e para o mal.

No gráfico a seguir tento imprimir essa percepção sobre o tempo de detecção e o tempo de reação das empresas ao se depararem com chefes ruins, criando ruídos e anomalias na estrutura organizacional:

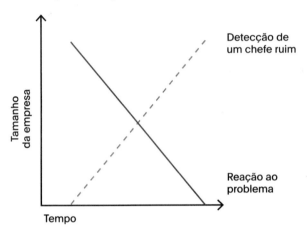

Gráfico 1 – Relação entre tempo de detecção e de reação de empresas ao detectar um chefe ruim

Nessa representação livre quero demonstrar que quanto maior a empresa, mais demora existe na detecção de chefes ruins que estejam prejudicando sua equipe e os resultados dela, principalmente se a companhia for altamente setorizada, com diversos níveis hierárquicos e onde decisões de cunho comportamental são centralizadas em áreas de RH, por exemplo.

Enquanto isso, nas organizações menores e com menos gente, a percepção do conflito é evidentemente mais rápida. Porém, quando falamos sobre reagir ao problema, ou seja, ter uma ação contundente diante da existência de um chefe ruim na empresa, as linhas se invertem.

Empresas de pequeno porte têm, em sua maioria, alto envolvimento emocional entre as pessoas e muito provavelmente o chefe tóxico foi — e muitas vezes ainda é — alguém de confiança do dono, o que dificulta a correção do problema.

Ao passo que empresas de grande porte, que baseiam suas decisões em processos, fatos e dados, não demoram tanto para tomar uma atitude sobre o assunto.

Essa visão de como os tomadores de decisão agem de acordo com o tamanho da empresa é muito importante para sua avaliação, caso você esteja passando por um momento desagradável semelhante com sua liderança e não saiba como proceder.

Tenha em mente que essas diferenças são cruciais durante sua abordagem ao tentar relatar o problema para outras áreas da organização (dedicaremos integralmente a parte 5 deste livro para te ajudar a conduzir a situação da melhor maneira possível).

 Nenhuma empresa é totalmente boa ou totalmente ruim. O ambiente de trabalho pode sofrer maior ou menor influência de acordo com o poder que cada liderança interna possui.

Feudalismo corporativo

Qualquer equipe de alta gestão já compreendeu a importância de manter um conjunto coeso de crenças, valores e políticas que ditará e influenciará o clima organizacional, mas muitas delas pecam em como disseminar essa "identidade" para toda a corporação.

Está mais do que comprovado que ter uma cultura organizacional forte contribui para atingir bons resultados. Basta observarmos como o tema ganhou relevância em reuniões estratégicas, tomando inclusive uma parcela relevante do investimento anual das empresas que reconheceram que ele vai muito além de ações de endomarketing.

Ter boa vontade, ética e bons argumentos não é o suficiente para criar uma cultura organizacional. Foi-se o tempo em que frases bonitas espalhadas nas paredes de salas de reunião eram vistas como uma estratégia de divulgar o que a direção compreendia como pilares que formariam a cultura empresarial desejada.

Hoje, as frases de efeito com missão, propósito e valores pouco traduzem o que acontece no dia a dia da empresa e não convencem ninguém a mudar de comportamento — se é que um dia convenceram.

Quando o conceito "cultura" foi apresentado pelo especialista Edgar Schein no livro *Cultura organizacional e liderança*, ele se referia a um comportamento coletivo intangível, replicado e seguido naturalmente pela maioria dos profissionais da empresa, e não a regras de conduta escritas em um papel, mural ou site institucional.[2]

Contudo, é impossível afirmar que uma empresa, principalmente de grande porte, possui uma única cultura organizacional. É possível encontrar padrões comportamentais em boa parte de suas equipes, mas, se tudo funcionasse conforme a cultura "almejada", nenhuma delas precisaria ter canais confidenciais para que profissionais oprimidos denunciassem chefes assediadores.

Organizações grandes que necessitam setorizar demais as pessoas criam espaço para que a cultura geral seja distorcida, sendo moldada, por exemplo, ao bel-prazer de um chefe autoritário que gera microculturas completamente diferentes das pregadas pelo alto escalão.

Nenhuma empresa é por completo boa ou ruim. É por isso que vemos por aí profissionais que amam e outros que odeiam a mesma companhia.

Nesses casos é muito provável que cada um tenha tido experiências bem diferentes: o indivíduo satisfeito porque trabalhou com um líder inspirador que promovia a cultura geral, e o insatisfeito que precisou aturar uma microcultura criada por um chefe ruim.

Eu mesmo passei por isso. Trabalhei em uma empresa S.A. em cuja cultura estava inserido que era completamente diferente da que minha esposa, que também trabalhava lá, experimentou.

---

2 Edgar H. Schein, *Cultura organizacional e liderança*. São Paulo: Atlas, 2009.

Veja, nós dois trabalhamos lá no mesmo período, portanto não foi o caso de que a organização piorou ou melhorou depois que um ou outro saiu. Foram experiências completamente diferentes ao mesmo tempo e no mesmo lugar!

Quando minha esposa e eu falávamos sobre sua insatisfação na empresa, para mim era inconcebível entender como sua rotina era distorcida em relação a minha. Mas, ao aprofundarmos a questão, ficava evidente que o líder do setor de minha esposa tinha todas as características de alguém com síndrome do pequeno poder.

Ele exercia sua tirania sobre a equipe deturpando regras e criando outras absurdas, ações dignas de um senhor feudal que cuida de seu perímetro com unhas e dentes. Por exemplo, exigia que todos os aparelhos de ar-condicionado estivessem a dezessete graus, nunca liberava a sala de reuniões desocupada à equipe, para o caso de ele precisar usá-la, e só permitia que os funcionários lhe dirigissem a palavra se fossem perguntar algo.

Essa é a origem do termo "feudalismo corporativo", que cunhei para representar esse fenômeno da coexistência de microculturas dentro de uma empresa que pensa ter uma cultura coesa e única.

Por pensarem assim e confiarem cegamente nos líderes que escolheram, as próprias organizações permitem que microculturas sejam cultivadas ao longo do tempo. E, se esses mesmos chefes estiverem dando o resultado desejado, o problema fica ainda mais camuflado, dificultando sua detecção.

Quando as microculturas não são combatidas, seja por falta de prioridade da alta gestão — algo comum em grandes empresas —, seja por conivência, os chefes ruins ganham mais força e seus subordinados começam a acreditar que toda a estrutura organizacional funciona daquela maneira, passando de defensores para detratores da marca.

Aliás, percepção de marca é algo que também precisamos incluir nessa conversa. Quantas empresas gastam milhões com ações de *employer branding* (estratégia de marketing para mostrar que a marca cuida bem de seus funcionários), tentando atrair os melhores profissionais do mercado para trabalhar nelas, mas se esquecem de combater microculturas e demitir os chefes ruins?

Talvez, se as companhias zelassem mais por seus talentos e combatessem as más lideranças, a conta seria muito mais barata e efetiva do que ações externas para vender algo que, na prática, não é verdadeiro. A grande questão é que o trabalho de apurar o ganho intangível ao descartar chefes ruins da operação é mais desgastante do que engordar as verbas de marketing para promover uma falácia.

Se as empresas investissem metade do orçamento gasto em ações para atrair novos talentos no combate de chefes ruins, teriam resultados e cultura organizacional melhores e a maioria dos colaboradores como promotores de sua marca.

As leis contra o assédio

Antes de continuarmos a decifrar e entender as características de um chefe ruim, é preciso fazer uma reflexão sobre uma pauta obrigatória: o assédio moral nas organizações. Algo ainda mais sério do que lidar com líderes que, de forma indireta, causam impacto negativo no ambiente.

Apesar de existirem diversas modalidades de assédio moral no ambiente de trabalho, como o horizontal, quando praticado entre colegas de trabalho, ou o vertical ascendente, quando o subordinado pratica o assédio contra sua liderança, nosso foco será no mais comum: o *assédio vertical descendente*, ou seja, aquele praticado por um líder contra um subordinado ou um grupo deles.

Infelizmente, existe uma linha tênue e subjetiva entre o que é assédio moral e as ações estapafúrdias de uma liderança despreparada.

Segundo a cartilha criada pelo Tribunal Superior do Trabalho (TST), o assédio moral é

> toda e qualquer conduta abusiva, manifestando-se por comportamentos, palavras, atos, gestos ou escritos que possam trazer danos à personalidade, à dignidade ou à integridade física e psíquica de uma pessoa, pondo em perigo o seu emprego ou degradando o ambiente de trabalho.[3]

Já em outras concepções, como a do psiquiatra alemão Heinz Leymann, o assédio moral no trabalho é caracterizado por ações sistemáticas executadas pelo empregador ou seus prepostos (os chefes a quem eles confiam a empresa) contra o funcionário, como constrangimento, humilhação, isolamento, violência psicológica e perseguição.

Embora haja discrepâncias sobre todos os elementos que configuram o assédio moral, vemos com frequência três requisitos essenciais que ajudam a classificar abuso como assédio. São eles:

1. Prática reiterada, isto é, violência sistemática e que dura um certo tempo.

2. Atitudes abusivas com conteúdo vexatório e constrangedor.

3. Consequência de desestabilizar emocionalmente a vítima e/ou degradar psicologicamente o meio ambiente do trabalho.[4]

---

[3] Tribunal Superior do Trabalho (Brasil), Cartilha de prevenção ao assédio moral e sexual. Pare e repare: Por um ambiente de trabalho + positivo. 2022. Disponível em: <https://www.tst.jus.br/documents/10157/26144164/Campanha+ass%C3%A9dio+moral+e+sexual+-+a5+-+12092022.pdf/f10d-0579-f70f-2a1e-42ae-c9dcfcc1fd47?t=1665432735176>. Acesso em: 24 ago. 2024.

[4] Ministério Público do Trabalho (MPT). Assédio moral no trabalho: perguntas e respostas. Disponível em: http://www.ouvidoria.ufrj.br/images/cartilha_assedio_mpt.pdf. Acesso em: 26 ago. 2024

Mesmo com esse conjunto específico de características, o assédio moral continua tendo um cunho subjetivo. O problema em todos esses conceitos é que não fica claro e mensurável quanto tempo de exposição a situações humilhantes e constrangedoras esses profissionais se submetem até ser considerado assédio.

Se uma das condições para tipificar assédio moral é a repetição prolongada da situação vexatória, como o funcionário terá certeza de que está sendo assediado por tempo suficiente para assim denunciar o chefe?

A ministra do TST, Maria Cristina Irigoyen Peduzzi, em artigo publicado em 2007 na *Revista do Tribunal Superior do Trabalho*, mencionou que as características que à época eram utilizadas na configuração do assédio moral remontavam aos estudos de Leymann, que concluía que tais comportamentos seriam sistemáticos se acontecessem ao menos uma vez por semana, prolongando-se, ao menos, por seis meses. Tal entendimento, apesar de não ser unânime, fornecia um parâmetro para a aplicação de ações judiciais relacionadas ao tema.[5]

Isso quer dizer que situações isoladas podem causar dano moral, como uma ofensa que viola a honra ou imagem de alguém, porém não necessariamente configuram assédio moral pela ausência de repetição.

Contudo, em junho de 2019, a Organização Internacional do Trabalho (OIT) aprovou a *Convenção n. 190*, na qual se conceituou "violência e assédio moral" no mundo do trabalho como sendo:

---

5 Maria Cristina Irigoyen Peduzzi, "Assédio moral". *Revista do Tribunal Superior do Trabalho*, v. 73, n. 2, pp. 25-45, abr./jun. 2007. Disponível em: <https://juslaboris.tst.jus.br/bitstream/handle/20.500.12178/2309/002_peduzzi.pdf?sequence=5&isAllowed=y>. Acesso em: 24 ago. 2024.

um conjunto de comportamentos e práticas inaceitáveis, ou de suas ameaças, de ocorrência única ou repetida, que visem, causem, ou sejam susceptíveis de causar dano físico, psicológico, sexual ou econômico, e inclui a violência e o assédio com base no gênero.[6]

Deixa-se de exigir, portanto, a repetição como requisito para configuração do assédio moral e da violência no trabalho.

Dessa forma, nos casos mais recentes julgados no TST, já é possível verificar novo posicionamento segundo o qual, a partir dessa convenção da OIT (e considerando as resoluções n. 351/2020 e n. 518/2023 do Conselho Nacional de Justiça — CNJ), tornou-se desnecessária a existência de conduta reiterada e prolongada. Como efeito, o instrumento internacional passou a qualificar o assédio a partir de suas consequências — e não de sua reiteração.

De fato, tais ajustes de acuracidade na forma de classificar o assédio vêm ajudando. O Ministério Público do Trabalho (MPT) reportou um crescimento significativo nas denúncias de assédio moral e sexual no Brasil em 2023, evidenciando uma preocupante tendência. Até julho de 2023, o MPT registrou 8458 denúncias, um número que se aproxima do total de denúncias recebidas durante todo o ano de 2022, que foi de 8508.[7] Inicialmente os dados parecem preocupantes, porém talvez o número elevado se deva não a um aumento, mas sim à exposição dos casos que antigamente não eram denunciados.

---

[6] Organização Internacional do Trabalho, Convenção n. 190 sobre violência e assédio. 2019. Disponível em: <https://www.ilo.org/pt-pt/media/68241/download>. Acesso em: 24 ago. 2024.

[7] Antonia de Maria Ximenes Oliveira, "Assédio nas relações de trabalho". 16 fev. 2024. Disponível em: <https://www.migalhas.com.br/depeso/401871/assedio-sexual-nas-relacoes-de-trabalho>. Acesso em: 13 ago. 2024.

Quais leis resguardam as vítimas de assédio moral?
No Brasil não existe uma lei específica sobre assédio moral, mas há dispositivos que regem o assunto espalhados na Constituição Federal, no Código Civil, na Consolidação das Leis do Trabalho (CLT), nas Normas Regulamentadoras do Ministério do Trabalho e Emprego e em legislações diversas.

Entre as mais recentes, destaca-se o decreto n. 9571/2018, que estabelece diretrizes nacionais sobre empresas e direitos humanos, e a lei n. 13185/2015, que institui o Programa de Combate à Intimidação Sistemática (Bullying) e que corresponde, de certa maneira, a uma modalidade de assédio moral.

Há também a lei n. 14457/2022, que estabelece o Programa Emprega + Mulheres, com várias medidas para combater o assédio sexual e outras formas de violência que envolvem não só o assédio moral, mas também atos discriminatórios. A partir da aprovação dessa lei, passou a ser exigido que todas as empresas com mais de vinte funcionários implementem um canal de denúncias para prevenir e combater o assédio no ambiente de trabalho.

Como o profissional pode se precaver contra o assédio moral?
Apesar da evolução dos mecanismos de conscientização, treinamento, detecção e punição do assédio moral, boa parte da responsabilidade em identificar e denunciar continua sendo da própria vítima, que além de sofrer com o abuso ainda precisa ter o discernimento para classificá-lo corretamente antes de denunciá-lo — e vive tudo isso muitas vezes sem suporte.

Evidentemente existem empresas onde a presença de áreas de suporte aos funcionários, como RH e CIPA, fazem toda a diferença no apoio ao profissional que esteja passando por uma situação degradante, sendo ela tipificada ou não como assédio. Mesmo assim, a realidade é outra para uma parcela considerável das organizações.

Em caso de dúvida, dois órgãos disponibilizam excelentes cartilhas e manuais para auxiliar um profissional que esteja sofrendo assédio: a do TST e a do MPT.[8] Apesar disso, elas são incipientes nos demais fatos que também prejudicam a performance e a saúde mental e não são tipificados como assédio — e que é o tema central deste livro.

Pensando nisso, elaborei a tabela a seguir com diversas ações de um chefe ruim com as quais você poderá se deparar no trabalho, e na sequência falaremos sobre como lidar com o conteúdo de cada uma das colunas:

Tabela 1 – Situações vivenciadas no trabalho e o grau de dificuldade em tipificá-las como assédio

Mais fácil de tipificar como assédio moral	Mais difícil de tipificar como assédio moral
Isolar o subordinado de reuniões e atividades em equipe	Dar preferência a um ou mais membros da equipe de forma oculta
Expor erros e chamar a atenção em público com frequência	Não utilizar um tratamento isonômico entre os membros da equipe
Fazer piadas corriqueiras sobre características de um subordinado	Desequilíbrio na distribuição de tarefas (e nos prazos para cada uma delas) entre os subordinados
Colocar a culpa sobre a maioria dos problemas em um subordinado ou em parte do time	Escolher por preferência e não por resultados quantitativos quem será promovido
Espalhar rumores sobre a conduta do subordinado	Escolher por preferência quem apresentará os resultados da equipe

[8] Tribunal Superior do Trabalho (Brasil), *Cartilha de prevenção ao assédio moral e sexual. Pare e repare: Por um ambiente de trabalho + positivo*. 2022. Disponível em: <https://www.tst.jus.br/documents/10157/26144164/Campanha+ass%C3%A9dio+moral+e+sexual+-+a5+-+12092022.pdf/f10d0579-f70f-2a1e-42ae-c9dcfcc1fd47?t=1665432735176>. Acesso em: 1º ago. 2024; Ministério Público do Trabalho (Brasil). *Assédio moral e sexual: Previna-se*. 2016. Disponível em: <https://www.prt1.mpt.mp.br/images/arquivos/informe_se/cartilhas/cartilha_ass_moral.pdf>. Acesso em: 1º ago. 2024.

Ameaçar punir o subordinado com demissão constantemente	Escolher por preferência quem representará a equipe em premiações
Desviar funções com tarefas humilhantes ou de cunho pessoal do líder	Acreditar nas histórias contadas por quem mais lhe agrada
Dar tarefas impossíveis de serem realizadas	Demitir por conveniência ou para proteger outros funcionários que tenha mais afinidade
Exigir prazos inatingíveis	Ignorar avisos e alertas por não confiar no interlocutor
Pedir que o subordinado cometa atos ilícitos ou de corrupção	Fazer microgerenciamento ou exigir de forma demasiada o status das tarefas
Gritar ou falar de forma desrespeitosa	Tirar a autonomia do time em todas as decisões (ser centralizador)
Pedir a um subordinado de confiança que vigie ou persiga outro	Retirar permanentemente tarefas de um subordinado
Interferir ou querer saber demais da vida particular do subordinado	Comparar um subordinado a outro a fim de desmerecer seu esforço

Perceba que a vítima pode provar os itens caracterizados por assédio moral (coluna da esquerda) por meio de ligações, mensagens de WhatsApp, e-mails, documentos, áudios, registros em redes sociais e vídeos (sim, pode-se filmar a situação sem consentimento do agressor). Além disso, é possível provar o assédio com a ajuda de testemunhas que tenham conhecimento dos fatos.

Quando existem provas suficientes — e mesmo que você não seja a vítima, mas tenha presenciado situações de assédio moral no trabalho —, é recomendado denunciar nos espaços de confiança da empresa, como na ouvidoria e no RH, mas também nos sindicatos e até diretamente no MPT de sua cidade. Nada impede, ainda, que a vítima busque assistência jurídica de advogados para ajuizamento de ação trabalhista na Justiça do Trabalho.

Esse é o caminho natural nesses casos, porém, em relação à coluna da direita da tabela, que contém ações de um chefe ruim que prejudicam a saúde mental dos subordinados e transformam o ambiente de trabalho em um lugar insalubre, o buraco é mais embaixo, e focaremos nelas a partir de agora.

A ética na liderança

A influência exercida por um líder impacta de forma significativa a conduta de cada membro da equipe, interferindo na saúde mental e na performance dos subordinados — e principalmente na atitude a ser desenvolvida quando esses profissionais experimentarem o poder.

No entanto, sabemos que nem todo líder que consegue influenciar seus liderados se vale da ética para tal. Em especial se considerarmos que, como argumenta Silke Astrid Eisenbeiss em seu artigo para a revista científica *The Leadership Quarterly*,[9] a liderança ética implica não apenas liderar sob valores éticos, mas também que os objetivos perseguidos sejam éticos.

Não existe a possibilidade de liderar com ética em um mercado que explora pessoas, como o setor têxtil de alguns países, por exemplo. Portanto, o desafio do líder exige responsabilidade duplicada.

Você provavelmente já ouviu a frase atribuída ao filósofo italiano Nicolau Maquiavel: "Dê poder a um homem e verás quem ele é". No contexto corporativo, a ascensão de um profissional à cadeira de líder sempre será marcada pela observação dos modelos previamente aplicados e aceitos dentro da empresa e pela adoção de seus valores éticos.

Além disso, ao tornar-se líder, é natural que haja uma mudança de tratamento entre o novo gestor e seus subordinados, e muita gente não sabe lidar com isso. O cargo de liderança

---

[9] Silke Astrid Eisenbeiss, "Re-thinking Ethical Leadership: An Intersdisciplinary Integrative Approach". *The Leadership Quarterly*, v. 23, n. 5, pp. 791-808, 2012.

envolve questões que nem sempre podem ser compartilhadas com o restante do time, como informações confidenciais e até dados sobre a movimentação de pessoas. Nesse caso, a alteração comportamental é saudável e compreensível por parte do novo líder, o que é muito diferente de assumir uma postura arrogante diante de seus antigos pares.

Justiça e injustiças
A justiça é um requisito primordial para a liderança ética. Sem justiça não há equilíbrio nem imparcialidade no tratamento entre os membros de um mesmo time.

Quando a justiça deixa de ser um pilar na gestão de pessoas, vemos aflorar o favoritismo, um dos maiores erros de liderança e que seria facilmente evitado se direitos e deveres fossem iguais para todos.

Contudo, ao contrário do que muita gente pensa, esse equívoco não acontece apenas na concessão de um benefício, como a escolha de alguém para ter um aumento de salário ou para assumir desafios maiores.

O tratamento diferenciado pode nascer na negociação mais punitiva de erros cometidos por desafetos, bem antes do surgimento de uma oportunidade com que o chefe possa agraciar seu favorito e deixar sua predileção à mostra. Quando o mesmo tipo de problema é relevado, pois o responsável pelo erro é um liderado com certa preferência, o chefe comprova que nem sempre suas sanções são aplicadas a todos de maneira igualitária.

Essa foi a situação vivida durante anos pela Marina, uma ex-colega de trabalho cujo nome verdadeiro vou conservar no anonimato, assim como farei com os demais citados ao longo do livro. Dona de um currículo invejável, Marina se destacava tanto em sua performance individual quanto em reuniões multifuncionais, em que suas habilidades de comunicação e de trabalho em equipe eram exigidas.

Anos atrás trabalhamos juntos na mesma empresa em áreas diferentes. Enquanto minha gestora se baseava em evidências, fatos e dados para realizar as rodadas periódicas de feedback, o líder de Marina mantinha uma postura rígida sobre um único erro cometido por ela havia meses e que nunca mais se repetiu.

Infelizmente a boa desenvoltura dela não era o bastante, na visão do líder, para apagar aquele pequeno equívoco. É importante destacar que aquele gestor demonstrava maior simpatia por outra pessoa, que ocupava um cargo similar ao de Marina, por ter sido seu colega de faculdade.

Antes de Marina falhar, não dava para perceber qualquer sinal de favoritismo por parte do líder, mas bastou ela enviar um produto para o cliente errado, gerando atraso e uma insatisfação momentânea, que o tratamento foi mudando. Ela passou a atender contas menores e os clientes mais importantes da empresa foram encaminhados para o "favorito".

Mesmo despontando como um talento a ser escolhido para uma nova área criada dentro do departamento, Marina viu as oportunidades diminuírem drasticamente pela perseguição que sofria. Apesar de ter corrigido o problema e azeitado seu processo de trabalho, ela percebeu que o erro era lembrado em todas as reuniões de feedback como um ponto de melhoria ainda a sanar.

Com o passar do tempo e mantendo uma postura impecável, Marina percebeu que o tratamento que o colega favorito recebia ao cometer deslizes até mais graves que o dela, como perder prazos de entrega e, por consequência disso, simplesmente deixar de atender aos telefonemas dos clientes cobrando, era bem diferente. Seus erros eram relevados e esquecidos com facilidade.

Por sua vez, o "deslize" de Marina crescia como um alvo em suas costas. A cada tentativa de fazer diferente ou de expor possíveis riscos em algum projeto, seu chefe a encarava como rebelde e, pior, rotulava a profissional como uma pessoa pessimista e inflexível que tinha atitudes reativas e contrárias a mudanças.

Mesmo buscando o melhor para a empresa e tentando expor seu ponto de vista com cautela, a opinião de Marina deixou de ter relevância. Ao mesmo tempo, os erros primários cometidos pelo colega eram classificados como ousadia, dignos de felicitações pela "proatividade".

Nesse caso clássico de consolidação do favoritismo, a denominada "injustiça retributiva", quando se pune o inocente ou se deixa de punir o culpado, conceito de Piaget,[10] foi usada no desequilíbrio da avaliação, dando pesos diferentes para situações análogas, gerando uma comparação distorcida entre dois profissionais, mesmo antes que algo (no caso, uma promoção) estivesse em jogo.

Apesar de erros individuais e de equipe serem comuns nas empresas, cabe à liderança equilibrar o peso de suas reações para garantir a estabilidade social e mental do time. Nesse desafio, serão exigidas do líder habilidades que vão além da empatia. Métodos objetivos, baseados em análises comparativas, são fundamentais na equalização de medidas justas e adequadas para cada situação vivida no dia a dia, evitando tais favoritismos.

Ainda que existam ferramentas de liderança amplamente difundidas mundo afora como o Teste de Associação Implícita (TAI), proposto pela Universidade Harvard, perfis comportamentais como o DISC (cuja sigla diz respeito à dominância, influência, estabilidade e conformidade), desenvolvido por William Marston, e avaliações de desempenho como a Avaliação 360 Graus, elas nem sempre são usadas para mudar o julgamento de um líder que, muitas vezes, prefere dar um peso maior à subjetividade em sua tomada de decisão.

Assim, nada adianta acumular ferramental robusto se a injustiça está encrustada nas convicções pessoais e na falta de autoconhecimento do próprio líder ao gerir pessoas.

Será que sempre os líderes são os culpados e todos os funcionários são injustiçados?
Quem me acompanha nas redes sociais, principalmente no LinkedIn, sabe que a maioria de minhas provocações é recheada de exemplos vexatórios envolvendo a má liderança.

---

10 Jean Piaget, *O juízo moral da criança*. São Paulo: Mestre Jou, 1977. (Originalmente publicado em 1932.)

Apesar de serem situações comuns no mundo corporativo, a partir das quais tento de forma pedagógica demonstrar os efeitos devastadores dessas condutas na performance profissional, uma pequena parcela do público me questiona se a culpa sempre está na liderança.

As indagações giram em torno das causas que levaram esses líderes a tomar decisões irracionais no calor do momento, as quais se resumem a respostas aos problemas gerados pelos próprios funcionários.

Mesmo havendo concordância de que reações desproporcionais são condenáveis, os questionamentos visam atacar os erros da equipe, colocando o líder em uma posição de vítima diante do contexto e que por isso suas atitudes descabidas são justificáveis.

Em todos esses casos em que o canhão passa a mirar para o lado contrário, colocando em xeque a postura do time e não a da liderança, costumo ampliar a reflexão para o verdadeiro papel de um chefe a fim de mostrar como é difícil defendê-lo.

Líderes são munidos de poder e liberdade para montar a própria equipe. Se as regras e os padrões salariais impostos pela empresa forem atendidos, a última palavra na escolha e na contratação de cada membro do time é e sempre será do gestor. Da mesma forma acontece na manutenção ou na demissão de um funcionário que não esteja performando bem após inúmeros treinamentos e feedbacks constantes.

Nesse cenário de autonomia, é inadmissível que um líder reclame dos liderados sem agir. Se treinou, apoiou e não deu certo, há sempre a opção de troca. Já para os liderados, que não têm o mesmo poder para trocar de chefe, a situação é muito mais complicada. Concorda?

Porém, um dos poucos pontos em que eu abonaria um líder diante da imensa responsabilidade que é gerir pessoas seria se ele próprio tivesse um superior que cerceia sua autonomia e o obriga a manter na equipe colaboradores que não dão resultados à empresa.

Essa prática é mais comum no *middle management* (nível intermediário de gestão), quando um líder operacional acaba sofrendo com desmandos de quem está acima e, assim, não consegue imprimir seu método pessoal de liderar. E, se inexiste autonomia, inexiste também liderança. Dessa forma, percebemos que não podemos enxergar esse funcionário como um líder de verdade, mas sim como um líder fantoche diante de um superior ruim.

Veja que, mesmo nesses casos, quando voltamos para o cerne da discussão se a culpa é sempre da liderança, continuo dizendo que sim. Talvez não seja do líder direto da equipe oprimida, mas de algum gestor no nível acima.

 Uma das piores injustiças no mundo corporativo é a demissão de um profissional que não teve tempo suficiente para mostrar seu trabalho e seu potencial porque o chefe teve pressa em julgá-lo.

2

COMO NASCE UM CHEFE RUIM?

A falta de autoconhecimento

Se eu te pedisse para escrever em um papel todas as suas potencialidades, fraquezas, valores, inseguranças e crenças, você conseguiria fazê-lo facilmente?

Agora, como seria sua reação se alguém te colocasse em uma situação de exposição, em que parte das inseguranças escritas no papel viesse à tona? Você teria controle total de seus pensamentos e atos?

Atualmente o termo "autoconhecimento" parece mais um tema batido e indiscriminadamente utilizado por pessoas que vendem receitas vazias de sucesso. Mas, tirando todo esse ruído em volta do assunto, será que compreendemos sua real importância em nossa vida pessoal e profissional?

Quando nos conhecemos intimamente, tendo ciência de nossos potenciais e nossas limitações, criamos mecanismos para diminuir os impactos de situações que nos desnorteiam, que desestruturam nossos pensamentos e até geram reações indesejadas das quais nos arrependeremos depois. Sendo assim, imagine o estrago que um profissional em posição de liderança e que não se conhece plenamente pode fazer ao ter uma fragilidade sua escancarada.

Para Daniel Goleman, aclamado escritor, jornalista e psicólogo, o autoconhecimento é peça fundamental para o desenvolvimento da inteligência emocional, uma das competências mais importantes e buscadas pelo mercado de trabalho nos dias de hoje.

Apesar de o autoconhecimento ser premissa, é na autoconsciência que essa habilidade se desenvolve. Isso quer dizer que um líder pode até se conhecer, mas sem o pleno entendimento sobre os impactos de seus atos ele não terá ainda inteligência emocional.

Sem autoconsciência, a liderança também não conseguirá se autorregular, ou seja, controlar suas emoções, outro pilar para atingir a inteligência emocional. Logo, sem o controle das emoções, posturas infantis e limitantes podem vir à tona.

Arrisco dizer que, segundo todas as minhas experiências no mundo corporativo, por mais azeitada e fluida que uma cultura empresarial seja, basta uma crise para líderes emocionalmente despreparados colocarem seus valores individuais e o instinto de sobrevivência em primeiro lugar, distorcendo os pilares organizacionais com ações incondizentes com as pregadas no ambiente.

Foi exatamente o que aconteceu com Fábio, gerente sênior que conduzia um departamento importante de uma S.A. para a qual prestei consultoria por alguns meses em 2020. Fábio estava há anos na empresa, entrou ainda muito jovem na posição de assistente administrativo e, dada sua dedicação e suas entregas, cresceu rapidamente na estrutura hierárquica. Ainda se desenvolvendo como líder, assumiu times cada vez maiores até chegar ao atual cargo, no liminar da alta cúpula da empresa.

Utilizando métodos consolidados no mercado, ele conseguiu vencer grandes desafios e se tornar admirado pela equipe. Sem grandes derrotas corporativas, Fábio navegava muito bem pela empresa. Seu conhecimento técnico impressionava e ele era reconhecido por isso, inclusive sendo convidado a dar sua contribuição em assuntos diversos do *C-level* (alto escalão) da companhia.

Todavia, o fato de não ter tido reveses importantes, como um projeto malsucedido ou um erro que merecesse profunda reanálise de seu trabalho, mascarou um grave e adormecido problema de autoimagem.

Sem ser confrontado por pares, já que seu trabalho até ali era impecável, Fábio relaxou e permitiu que o ego aflorasse. Seus descuidos começaram pequenos, quase imperceptíveis, mas quando somados tiveram um grande impacto.

Minha chegada à empresa tinha um propósito específico: avaliar a queda abrupta de faturamento em serviços adicionais que os clientes contratavam. A missão coordenada pelo CFO da organização envolvia diversas áreas, inclusive a de Fábio.

Apesar de sermos um corpo estranho na cultura daquela empresa, minha equipe e eu fomos recebidos como parte integrante do time, sendo muito bem tratados, mesmo diante da ansiedade que esse tipo de trabalho externo acaba criando no ambiente.

Depois de uma série de análises criteriosas em busca da origem do problema, identificamos que existiam três grandes fatores a serem investigados com mais profundidade, sendo o principal deles dentro da gerência de Fábio.

Quando o diagnóstico foi cautelosamente compartilhado com o *board* da companhia, Fábio, que estava presente na reunião, teve seu primeiro rompante de autodefesa. Em um discurso acalorado, o gerente sênior ficou na defensiva, dizendo que era impossível o problema estar dentro de seu departamento, pois ele mantinha diversas checagens periódicas e que todos ali sabiam a qualidade dos números que apresentava.

Era um claro sinal de insegurança, mas que foi assimilado como um medo normal de ficar exposto e se sentir envergonhado pelo equívoco em um momento de pressão no meio de uma reunião importante. Logo a ocasião foi naturalizada e minimizada, já que Fábio nunca tinha apresentado tal postura. Ao final da reunião, foram determinados os próximos passos, entre eles, a abertura total dos dados e dos processos da área de Fábio para avaliarmos melhor o que acontecia.

Mesmo a contragosto, o gerente sênior me recebeu na semana seguinte para iniciarmos o trabalho e, diferentemente do clima agradável que presenciei até aquele momento, as pessoas ao meu redor estavam arredias e com semblante fechado.

As análises duraram dias e, a cada novo pedido de acesso de informação, a equipe primeiro conversava com Fábio sobre a solicitação para depois falar conosco. Era mais uma clara estratégia de defesa do gerente sênior.

Após a tortuosa semana de dificuldades, tanto para receber informações quanto para entendê-las, identificamos um desvio no fluxo da área de Fábio que não permitia que os clientes finalizassem a compra adicional que queriam.

Ali estava o gargalo. Era algo de difícil detecção, porém de fácil correção.

Naquela altura, estávamos aliviados por termos ajudado a empresa, mas Fábio não encarou tão bem os fatos. Depois de toda a negação, ele insistia em se manter na defensiva, reclamando de outras áreas e afastando de si o problema. O incômodo estava conduzindo-o a interpretar aquilo como um ataque pessoal, como se o erro encontrado fosse manchar sua trajetória vitoriosa dentro da organização.

Essa postura arrogante gerou inúmeras ações descontroladas ao criar um ambiente de "caça às bruxas", com Fábio analisando minuciosamente cada passo de seus subordinados e transferindo a ansiedade e o nervosismo para a equipe. Além disso, ele começou a esconder informações e gastar mais tempo identificando e atacando erros de áreas vizinhas do que corrigindo os próprios.

O excesso de confiança e o destempero de Fábio diante da situação demonstraram um problema particular do gerente sênior que desencadeou atitudes danosas ao time e prejudicou sua reputação na empresa, ou seja, trouxe consequências muito maiores que o problema em si.

Sem liderança interna não existe liderança externa

Nesse evidente caso de ausência de autorregulação de emoções, vimos que a falta de autoconhecimento provocou uma série de impactos negativos por conta de um gatilho desconhecido ou mal resolvido.

Esse *gap* emocional acaba sendo a raiz da maioria dos males causados por uma liderança imatura à empresa, à equipe e a ela mesma.

Quanto maior o autoconhecimento, menores são os riscos de agirmos impulsivamente, com atitudes desproporcionais e baseadas em suposições que não correspondem de fato à realidade. E, quando um profissional não consegue se autoliderar evitando tais riscos, ele jamais conseguirá liderar outras pessoas de modo pleno.

Aliás, já que estamos falando em tantos "autos", precisamos abordar também a autoliderança. O termo cunhado nos anos 1980 pelos professores Charles C. Manz e Henry P. Sims Jr., da Universidade de Massachussets,[1] revela que tão importante quanto conhecer nossas virtudes e nossa capacidade de realização é ter direção, isto é, um objetivo traçado para nossa vida.

Se um líder se conhece a ponto de se motivar diante de desafios pessoais e profissionais, terá condições de compreender como aflorar o mesmo sentimento em seus liderados, para que todos alcancem, juntos, metas individuais e corporativas.

Para que essa confluência ocorra, o líder maduro saberá equilibrar os anseios e as exigências particulares de cada membro de seu time, buscando estratégias para que esses ideais de vida convirjam aos desafios impostos pela empresa.

Dentre as estratégias, está ensinar o processo interno de se autoliderar, influenciando e incentivando cada subordinado a refletir e estabelecer suas motivações, compreendendo como elas podem ser alcançadas no ambiente de trabalho com as oportunidades que ele oferece.

Veja que no caso de Fábio não foi a ausência de sonhos pessoais ou metas profissionais que o atrapalhou, mas sim a insegurança, que o levou a entrar em "modo de proteção", fazendo-o não refletir como aquela postura o impediria de atingir os objetivos da empresa, os de seus colaboradores e os seus próprios.

 A imaturidade de um líder pesa muito mais do que a soma de todos os seus conhecimentos e diplomas pendurados na parede.

---

1 Charles C. Manz e Henry P. Sims Jr., "Self-Management as a Substitute for Leadership: A Social Learning Theory Perspective". *Academy of Management Review*, v. 5, n. 3, pp. 361-7, jul. 1980.

Não é porque aprendeu apanhando que vai ensinar batendo

Desde a infância somos expostos a contextos sociais. Inicialmente temos contato com nossos pais, depois interagimos com o restante da família, os primeiros amigos, tutores, professores e assim por diante.

Estimulados a aprender e socializar, absorvemos boa parte de nossos conhecimentos por meio da modelagem e imitação, o que defende a teoria criada e popularizada nos anos 1970 por Albert Bandura. Para o pesquisador, cada um de nós tem a capacidade de aprender observando o comportamento dos outros, bem como as consequências de seus atos.

Quando elegemos "modelos", passamos a utilizá-los como referência, imitando seus comportamentos, principalmente se eles obtiverem respostas positivas. Ou seja, tendemos a imitar atitudes que levaram nossos modelos ao sucesso e deixar de lado aquelas que não lhes deram um retorno satisfatório.

É muito comum percebermos essa teoria aplicada no dia a dia, ao encontrarmos crianças que se espelham nos pais, vestindo sua roupa, usando sua maquiagem e refazendo seus gestos corporais e orais.

Esse mecanismo de aprendizagem que carregamos desde a juventude tem três características importantes sobre a maneira que assimilamos comportamentos, inclusive na vida adulta:

1. **Característica do modelo:** Modelos de maior prestígio social são mais fáceis de serem copiados. Afinal, se existe reconhecimento externo, é porque seus comportamentos tiveram sucesso.

2. **Característica do aprendiz:** Quando o observador tem um histórico positivo ao imitar modelos ao longo da vida, é bem provável que ele continue repetindo essa prática e busque novos modelos a cada etapa de seu crescimento.

3. **Reforço vicariante:** Se a cada nova ação do modelo ele continua obtendo sucesso dentro de um círculo social, isso aumenta a tendência do aprendiz de querer imitá-lo.

Esse é um dos principais motivos pelos quais uma posição de liderança é tão relevante e ao mesmo tempo tão perigosa. Se um profissional despreparado e mal-intencionado ocupa esse cargo, ele pode ser imitado no futuro caso alcance sucesso na empresa.

É por isso que a manutenção duradoura de um chefe ruim na organização perpetua seu modelo e impregna a cultura mesmo após sua saída, pois quem fica acredita que pode repetir o virtual êxito ao imitá-lo.

Quando um chefe tóxico consegue um resultado financeiro de forma inescrupulosa, prejudicando a saúde mental de seus liderados, oprimindo-os, e ainda assim é parabenizado, a empresa passa um recado para quem está nas linhas hierárquicas abaixo: "Este é o modelo que queremos que vocês copiem".

Agora, imagine as angústias morais que esse "recado velado" descarrega na cabeça dos liderados que buscam reconhecimento profissional e almejam conquistas maiores dentro da organização.

E, o que acontece quando um desses profissionais que acompanhou o tal modelo de "sucesso", por mais bem-intencionado que seja, tem oportunidade de ascender a um cargo de liderança? Existem grandes chances de imitar o chefe ruim, mas agora de maneira consciente, visando colher os benefícios de quem se deu bem com aquela postura, mantendo o círculo vicioso e propagando a sistemática para o restante da companhia.

Afinal, por que ele arriscaria perder aquela oportunidade se a própria empresa permite e é conivente ao reforçar que esse é o modelo que busca em seus líderes?

No entanto, e se acreditarmos que ele será fiel a seus valores éticos a ponto de não repetir os métodos do chefe ruim bem-sucedido, o que geralmente acontece? Pode até dar certo, mas é bem provável que, comparativamente, seus resultados fiquem abaixo dos do chefe ruim na visão da alta direção. Sabe por quê?

A falta de escrúpulos inibe o raciocínio do perigo de "cortar na carne". Chefes ruins reduzem suas equipes ao máximo, tornando o trabalho de quem fica humanamente impossível de ser realizado sem perder a saúde mental, enquanto o líder novato não se sujeitará a essa pressão e encontrará seu limite de atuação, evitando ultrapassá-lo.

Dessa maneira, comparando meramente números e sem analisar o contexto, profissionais bastante competentes e éticos são expelidos das organizações por não aceitarem repetir modelos que vão contra seus valores. Esse é um dilema sensível, mexe com sonhos, com a esperança de uma vida melhor para a família e com as ambições na carreira de alguém. Porém, mesmo com todos os riscos que uma postura ética pode incorrer, ainda será sempre melhor quebrar a regra do "continuar batendo, pois aprendeu apanhando".

Outra característica comum e de importante mapeamento no modus operandi de um chefe é o desejo de se vingar do passado. O termo "vingança" pode parecer pesado, mas é exatamente esse o sentimento de muitos profissionais despreparados que alcançam cargos de liderança. Sob o mantra do "agora chegou minha vez", anseiam reproduzir o modelo pelo qual sofreram, como se punir seus liderados se utilizando dos mesmos modos prejudiciais com que foram tratados anteriormente fosse, de certa forma, o certo a fazer.

O primeiro equívoco de chefes novatos está na incapacidade de compreender o que é, de fato, "poder" no contexto organizacional. Apesar de acreditarem que são os donos dele por ocuparem agora uma posição oficial de liderança, o poder em si continua sendo circunstancial.

Quem está em uma posição de liderança está nessa função por um espaço-tempo, mas não para sempre. Até mesmo nos regimes autoritários, em que o poder está concentrado em um único ditador, a liderança mudará de mãos após a morte daquele comandante. Para além disso, o histórico de ascensão e posterior queda de figuras históricas nos mostra quanto esse atributo é volátil.

O segundo equívoco — e o mais problemático — está na adoração do poder como forma de status. Chefes ruins costumam ostentar sua força através da demonstração, seja ela pública, seja ela privada.

Blindando o contato da equipe com bons líderes

Você já deve ter percebido que todo comportamento nocivo de um chefe ruim possui algum tipo de justificativa para tentar dar legitimidade ao que é feito. Dentre essas atitudes invasivas, existe uma que soa meramente como burocrática, mas que mascara uma premissa ardilosa.

Na maioria das vezes o famoso *bypass*, termo em inglês para desviar ou contornar, tem significado pejorativo no mundo corporativo. Para gestores mais antiquados o *bypass* é qualificado como uma insubordinação.

Basicamente ele acontece quando um funcionário ultrapassa as linhas hierárquicas e acaba tendo contato com um superior ou par sem pedir permissão a seu líder direto.

Segundo os professores Bradley Kirkman e Debra Shapiro, profissionais com alto grau de individualismo têm maior tendência de aplicar o *bypass* ou até mesmo de desafiar o chefe como forma de conseguir realizar seu próprio trabalho[2] No entanto, nem sempre essa atitude é ruim no ambiente laboral.

Nesse processo de proatividade, em empresas altamente verticalizadas muitas vezes o colaborador é visto, infeliz-

---

2 Bradley L. Kirkman e Debra L. Shapiro, *"The Impact of Cultural Values on Job Satisfaction and Organizational Commitment in Self-Managing Work Teams: The Mediating Role of Employee Resistance"*. The Academy of Management Journal, v. 44, n. 3, pp. 557-69, jun. 2001. Disponível em: <https://www.researchgate.net/publication/228686572_The_Impact_of_Cultural_Values_on_Job_Satisfaction_and_Organizational_Commitment_in_Self-Managing_Work_Teams_The_Mediating_Role_of_Employee_Resistance>. Acesso em: 25 ago. 2024.

mente, como alguém que "passou por cima da autoridade". Inclusive, sendo tal ato passível de punição pela liderança.

Esse sentimento é totalmente desprezado em companhias horizontais e de gestão compartilhada que prezam por relações mais fluidas e que buscam solucionar problemas construindo pontes e não as destruindo. Nelas, a proatividade é aceita, justamente pela existência de uma cultura de cooperação entre os times.

Porém a demonização da prática do *bypass* esconde uma tentativa de autopreservação e necessidade extrema de controle. Quando um chefe cercado por receios identifica uma situação de *bypass* por alguém da equipe, ele se sentirá traído, reduzindo sensivelmente o grau de confiança com aquele funcionário. Mesmo que a atitude tenha gerado frutos positivos, o simples fato de deixar o gestor no escuro é, por si, condenável.

Outro motivo corriqueiro para chefes ruins desaprovarem a livre comunicação de sua equipe com o restante da corporação está na ameaça de estimular a comparação, por parte de seus subordinados, de seu próprio método de gestão com o de líderes mais liberais, sensatos e justos da organização.

Blindar a equipe de ter contato com líderes de verdade é uma estratégia torpe que visa manter a ignorância dos liderados quanto ao que existe de bom fora dos limites de seu feudo corporativo.

Sem conviver com outros modelos de gestão, o funcionário não ganha informações suficientes para comparar e questionar o que passa internamente, por isso se mantém equivocadamente conformado como se as situações de opressão vividas fossem culturais e permeassem toda a estrutura da empresa.

O *bypass* ainda pode ser considerado uma ameaça pela liderança tóxica, pois a exposição de bons profissionais para o restante da organização pode dar a chance de um talento sobressair em vez de se manter oculto e submisso.

Foi exatamente o que aconteceu com Roberto, um ótimo gerente sênior que teve seu trânsito impedido, não apenas em reuniões estratégicas, mas até em confraternizações com equipes vizinhas. Roberto já tinha vasta experiência profissional quando chegou a uma grande empresa da área de energia. Com o status de talentoso, graças à desenvoltura em sua apresentação, todos os líderes parabenizaram seu diretor por trazer alguém de competência ímpar para o time.

Desempenhando um belo trabalho nos primeiros meses na posição, sendo proativo e ajudando departamentos parceiros, Roberto passou a ganhar grande evidência, sendo convidado a participar de comitês importantes do alto escalão.

Logo, seu diretor julgou estar perdendo espaço para aquele novo talento que despontava na visão do *board* da companhia. Sua atitude, em vez de incentivar ainda mais Roberto, pois o sucesso do funcionário também seria compartilhado com ele enquanto gestor, foi deixá-lo mais e mais recluso com atividades pesadas e operacionais.

Essa é mais uma justificativa de chefes ruins para manterem bons profissionais nas sombras. No fundo, utilizam-se dessa artimanha para: (1) não ofuscarem seu próprio protagonismo e (2) não lançarem luz aos problemas que acontecem no time sob sua gestão.

Sem tempo para participar de reuniões importantes, Roberto se afundou em funções menos nobres nos anos seguintes, até sofrer a síndrome de burnout, o que bastou para apagar de vez seu entusiasmo. Na ocasião, o "sacrifício" de Roberto foi providencial para reascender o protagonismo egoísta de seu líder.

Casos como o dele, de talentos que carregam áreas inteiras nas costas, prolongam a sobrevivência da liderança ruim, distorcendo e escondendo os problemas de seu comando.

O elo da confiança e da desconfiança

O efeito intrínseco do julgamento de um líder tóxico ao se sentir "atravessado" por um membro da equipe é a imediata perda de confiança. É como se aquela atitude "reprovável" transformasse o profissional em um inimigo dentro do jogo corporativo, pois sua aparição externa poderia expor métodos escusos ocultados pelo chefe.

Para Stephen P. Robbins, em seu livro *Fundamentos do comportamento organizacional*, a confiança é a "expectativa positiva de que a outra pessoa não agirá de maneira oportunista",[3] ou seja, ela é construída baseada na familiaridade e no nível de risco que alguém pode trazer ao outro. O autor destaca que a confiança é pautada em cinco dimensões, sendo elas:

- **Competência**: Baseada nas habilidades e nos conhecimentos técnicos percebidos.
- **Consistência**: Baseada na segurança e na previsibilidade apreendidas.
- **Integridade**: Baseada na honestidade constatada.
- **Lealdade**: Baseada na disposição de alguém para defender outra pessoa.
- **Abertura**: Baseada na percepção de que um indivíduo também nutre o mesmo grau de confiança em você.

Nesse âmbito, a visão distorcida de um chefe inseguro estará em rotular a equipe como oportunista, por estar "agindo por suas costas" a fim de lograr algum tipo de vantagem sem a participação da liderança. Logo, a percepção das dimensões de integridade, lealdade e abertura é sumariamente destruída, desfazendo o elo de confiança e, pior, abrindo uma estrada tortuosa para a desconfiança.

Ainda que exista uma grande diferença entre deixar de confiar e passar a desconfiar das atitudes de um funcionário, a maioria dos chefes inseguros age de maneira menos amistosa, demonstrando claramente que a relação ficou estremecida. Diante da nova postura, a mesma quebra de confiança também acontece do time para a liderança, pois não existe mais convicção na integridade e na habilidade do líder em conduzir a equipe.

Robbins reforça que "quando os liderados confiam em seu líder, estão dispostos a se colocar em vulnerabilidade em razão das ações dele — sob a crença de que seus direitos

---

[3] Stephen P. Robbins, *Fundamentos do comportamento organizacional*. São Paulo: Pearson, 2005. p. 276

e interesses não serão prejudicados".[4] Para mim, quando esses seguidores deixam de confiar, eles se calam por receio de sofrer represálias.

Após o cenário mudar, enchendo-se de animosidades no convívio entre equipe e liderança, a quebra da confiança atinge diretamente o poder de atuação dos profissionais, que percebem uma queda repentina e acentuada em sua participação na tomada de decisões e em especial em sua autonomia.

Se a autonomia é a capacidade de se autodirigir por meio das próprias condutas e escolhas, no ambiente corporativo essa característica está ligada a gerir sua rotina de trabalho, auto-organizando-se sem necessidade de orientação ou controle excessivo de seu superior.

É por isso que a quebra de confiança abala até as pequenas tarefas do dia. Com baixo grau de abertura entre liderança e equipe, o pensamento de que algo está sendo feito errado toma conta da mente do chefe, que passa a controlar atividades banais e retirar demandas importantes das mãos do liderado.

Enquanto líderes com mentalidade de crescimento prezam pela autonomia como fator que gera maturidade, chefes ruins precisam ter com os liderados um elo de obediência, no qual acreditam estar alicerçada a confiança, para só depois darem liberdade a um membro da equipe:

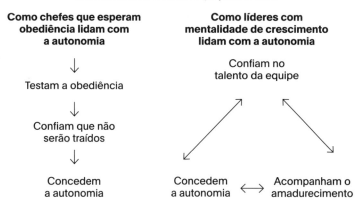

4 Ibid., p. 277.

A ilustração da esquerda demonstra a necessidade de comprovação de que o funcionário está, de fato, fechado com a liderança para posteriormente ter acesso à autonomia. A primeira etapa na mentalidade fixa de chefes ruins é de que se torna imprescindível ter a obediência da equipe comprovada para depois criar laços de confiança. Para eles, pessoas que não seguem à risca o que lhes foi ordenado não são confiáveis.

Estudiosos como Anthony e Govindarajan afirmam que é possível inferir a existência de uma correlação entre o grau de obediência às estratégias e o desempenho individual, isto é, quem obedece mais produz melhor, mas eu, particularmente, não acredito nesse modelo. Foram métodos dessa natureza que doutrinaram a gestão a relacionar alto desempenho ao indiscriminado cumprimento de regras, ou seja, quem é mais obediente produz mais.

Assim, empresas mais verticais, onde a concentração da decisão está no topo da pirâmide, vão preferir profissionais obedientes — que seguem sem questionamentos as diretrizes — aos criativos — que podem dar soluções mais eficientes, mas que para isso precisariam "enfrentar" regras já estabelecidas e eventualmente desestabilizar o ambiente com suas indagações.

Quando a cultura estabelecida na empresa preza por esse tipo de obediência, chefes ruins podem se utilizar desse "valor cultural" para justificar a confiança ou desconfiança que nutrem por cada membro da equipe.

O mito do "aqui somos uma família"

Um dos casos mais bizarros e midiáticos sobre a conduta e o tratamento desiguais de um chefe com um liderado aconteceu nos Estados Unidos e voltou a viralizar em 2023, mais de dez anos depois do ocorrido.

Apesar de não termos todas as variáveis para tomar partido ou fazer um julgamento justo da situação, a notícia soa no mínimo estranha. A história remonta o episódio de Debbie

Stevens, então ex-funcionária da empresa Atlantic Automotive Group de Nova York, que decidiu ajudar sua antiga líder, Jackie Brucia, doando o próprio rim e assim adiantar a fila de transplante na qual a chefe aguardava um órgão compatível. Após confirmar sua intenção de ajudar na questão de saúde da ex-chefe, Debbie foi recontratada pela empresa. Mesmo sem ser compatível, a funcionária doou um dos rins para o primeiro da lista, colocando Jackie como a próxima paciente na fila de prioridade. Com a aceleração do processo, ambas entraram no centro cirúrgico na mesma época.

Após as intervenções, as duas mulheres se recuperaram da cirurgia e retornaram ao trabalho, porém, para a surpresa de Debbie, algum tempo depois ela foi demitida. Claro que a exploração do assunto ganhou contornos sensacionalistas ao ostentar chamadas como "funcionária doa órgão à chefe e é mandada embora em seguida", mas a verdadeira razão para o desenrolar do caso que culminou na saída de Debbie é controversa.

A alegação para a demissão foi de que a doadora passou a faltar no trabalho por problemas decorrentes da operação e que sua justificativa foi rechaçada por Jackie, que não aceitaria ver Debbie tendo algum tipo de privilégio na empresa em função de seu gesto de bondade com ela.

Debbie buscou reparação na justiça, mas, deixando de lado as questões legais, o que se sabe por meio de nota oficial da organização é que, apesar de Debbie ter feito um bem enorme à diretora, a funcionária não poderia ter tratamento diferenciado pela boa ação e com isso acabar desestimulando o restante da equipe.

O motivo relatado pela direção da companhia parece até fazer certo sentido, no entanto será que faltou empatia? Será que a recontratação de Debbie foi circunstancial e acabou alimentando falsas esperanças sobre sua permanência na empresa depois da cirurgia? Ou será que Debbie acreditou que realmente pudesse obter alguma vantagem da situação?

Nossa intenção não é julgar ou escolher um lado para defender. O ponto de partida para a reflexão está na análise desse caso para debatermos sobre um assunto espinhoso, porém comum em muitas instituições: a criação de expectativas e a crença de que exista gratidão cega no mundo corporativo.

É exatamente o mesmo pensamento que rodeia profissionais que se sentem desamparados por trabalharem cinco, dez ou quinze anos na empresa ao serem "sumariamente" demitidos em cinco, dez ou quinze minutos.

A frustração bate em especial pela quebra de expectativas que o profissional tinha em relação ao que esperava do lugar para o qual se dedicou ao extremo, ajudou a construir e que considerava parte de sua própria família.

Profissionais com esse sentimento criam uma dívida imaginária de gratidão por parte da companhia em relação a um esforço que deveria ter sido recompensado com o salário pago ao longo dos meses e anos. Por isso, a sensação de abandono piora quando a demissão ocorre de forma protocolar, seca e sem gratidão.

Muita gente pode defender que a comunicação de um desligamento deva ser diferente, carregada de emoção, mas eu penso que essa etapa, se realizada de forma correta, deveria ser mesmo uma mera oficialização.

Afinal, nenhum profissional deveria ser pego de surpresa com a notícia se todas as comunicações, feedbacks e conversas prévias dessem transparência sobre sua situação na empresa ou sobre questões relacionadas à parte financeira da companhia.

A verdade é que o susto não vem pelo ato da demissão em si, mas pela ausência de demonstrações que aquilo poderia acontecer ao longo da jornada. Ninguém deveria ser demitido após ter apenas feedbacks positivos que alimentam uma suposta alienação.

Então você me pergunta: "Eberson, se falarmos dos riscos que cada colaborador corre, vamos acabar perdendo-os antes mesmo de algo ocorrer, seja para o mercado, seja para a desmotivação, não acha?".

Talvez, mas a solução não é esconder, e sim encontrar a maneira certa de conversar. É por isso que liderar não é fácil, tampouco se trata de uma atividade trivial de distribuir e cobrar tarefas.

É evidente que as relações de trabalho precisam ser zeladas e fortalecidas. Essa é a essência para a construção de uma cultura forte e uníssona que ajude a empresa a prosperar.

Porém, obter vantagem a partir de certas demandas pessoais do funcionário, como alimentar a falsa sensação de que ali existe uma família, é desleal. Estratégias como essa ludibriam e mascaram a realidade, criando a falsa sensação de segurança por meio da submissão, afinal: "Se somos uma família, devo proteger meus semelhantes com unhas e dentes". Ademais, essas ações acabam sendo tão ou mais sórdidas que o ato de assediar moralmente um colaborador com berros e xingamentos. Não estou dizendo que amizades entre líder e liderado são uma farsa e devem ser desencorajadas, mas usar de subterfúgios psicológicos para iludir o profissional pintando um mar de rosas inexistente é cruel.

Não sejamos inocentes em acreditar que chefes ruins não consigam se aproveitar dessas brechas psicológicas para ganharem a confiança de um profissional a ponto de fazê-lo crer que tudo está bem e ele tem estabilidade no emprego.

Inclusive, cunhei algum tempo atrás o termo "síndrome de Estocolmo corporativa" para fazer alusão a esse tipo de método de dominação entre chefe e liderado.

A síndrome de Estocolmo original ou vinculação afetiva traumática é um estado psicológico em que pessoas raptadas desenvolvem um sentimento de lealdade a seus sequestradores. A expressão foi citada pela primeira vez pelo psiquiatra Nils Bejerot em 1973 depois de atender pacientes vítimas de um assalto e que curiosamente estavam nutrindo certo afeto pelos bandidos.

Agora, guardadas as devidas proporções, imagine uma situação parecida no ambiente de trabalho. Pense que por trás de uma cultura competitiva aliada a valores acolhedores você possa estar sendo massacrado de modo inconsciente, explorado por gatilhos mentais que te obrigam a aumentar o nível de devoção àquela entidade — no caso, à empresa ou ao chefe.

As companhias, enquanto estruturas totalmente racionais, não têm a clara intenção de deixar seus funcionários doentes, mas a liberdade que dão a chefes ruins para conduzirem suas equipes pode contribuir com essa distorção da realidade para manter os subordinados alienados e suscetíveis à manipulação.

 O profissional que trata a **empresa** como família acaba tratando a **família** como empresa!

Os perigos do discurso da falsa meritocracia

Um erro que muitos líderes podem cometer é interpretar de forma equivocada o conceito de meritocracia no ambiente de trabalho.

Existe uma crença difundida na sociedade que, por parecer moralmente justa, a meritocracia poderia ser usada em ambientes de trabalho se transformando, em muitos casos, em um ativo cultural que rege o balanceamento entre recompensas e punições dentro das empresas.

De modo diferente do que o criador do termo Michael Young queria demonstrar em sua ficção *The Rise of the Meritocracy* [A ascensão da meritocracia] em 1958, a palavra hoje tem um significado aceito e amplamente reverenciado mundo afora. Na sátira, o autor dava um contexto pejorativo à meritocracia, criticando a criação de medições e comparações padronizadas que reforçam a existência de castas em uma grande pirâmide social.

No mundo corporativo a crítica também é válida. Primeiro, porque boa parte das organizações estão divididas como pirâmides, em que o poder e os melhores benefícios se concentram no topo. Para acessá-los, os funcionários da base precisam provar que "merecem" chegar à casta superior como se todos tivessem as mesmas condições para disputá-la, o que não é verdade.

Acontece que o uso da meritocracia como modelo de justiça social ou como modelo para justiça laboral no ambiente corporativo mascara e desconsidera a ausência de igualdade de oportunidades de quem ocupa posições socialmente menos abastadas.

É incoerente acreditar que possa existir meritocracia plena quando assistimos a dois candidatos a uma vaga de emprego em que um precisou trabalhar no contraturno da escola para sobreviver, enquanto o outro frequentou os melhores colégios e não teve necessidade de se preocupar com alimentação, vestimentas e outros confortos, dedicando-se exclusivamente aos estudos.

Será que nesse caso eles estariam concorrendo em pé de igualdade na visão de quem os avaliou? Será que os instrumentos usados na comparação eram imparciais, sem dar prioridade para quem tinha boas referências estudantis e experiências no exterior? Assim como eu, Frédéric Gonthier, professor francês e ferrenho questionador desse modelo, acredita que não seria uma competição justa.

Mesmo a bandeira da meritocracia servindo de contraposto da aristocracia hereditária, aquela em que os mais afortunados têm maiores benefícios por nascerem em "berços de ouro", ela infelizmente por si só não ajuda a resolver o problema da falta de equidade no mercado de trabalho.

Aliás, a meritocracia simplifica um problema social grave ao justificar a existência de "poucos" que conseguem ascender na escada social como fruto de falta de esforços. Como se quem continuasse embaixo, lutando e se esforçando, não estivesse fazendo o suficiente para vencer na vida.

Usando essa mesma ótica, muitas empresas justificam suas escolhas, por exemplo: quem será convidado a ocupar um posto de liderança, quem ganhará bônus, quem será punido e até quem será mandado embora. Mas, da mesma forma que acontece na esfera social, o modelo também falha no âmbito corporativo.

Isso porque nem todas as decisões são baseadas em questões objetivas e, quando a subjetividade entra na análise, cai mais uma vez por terra a possível "igualdade de oportunidades" que deveria existir.

Não condeno a busca da empresa em ter um sistema que possa chegar mais próximo do que entendemos como justiça, porém é humanamente impossível não carregar impressões particulares que, por consequência, acabam valorizando pessoas mais parecidas com os tomadores de decisão, ou seja, com os líderes da empresa que também costumam pertencer a essas castas sociais mais altas.

Duvido que você não tenha visto ao menos um profissional que entrega menos valor que outro sendo escolhido para um novo cargo ou para ganhar um aumento salarial apenas por ter estudado na mesma universidade que o chefe ou por conviverem nos mesmos círculos sociais. Vi isso aos montes!

Basta olharmos para pesquisas que reforçam a dificuldade de mulheres, pretos e pardos a ocupar posições de liderança. Um desses levantamentos, realizado em 2022 pela *Folha de S.Paulo* com base nos dados da Relação Anual de Informações Sociais (RAIS), mostra, por exemplo, que apenas 36% de cargos de liderança são ocupados por pessoas pretas e pardas.[5]

Nessa perpetuação do "típico" líder — homem e branco —, vemos ainda uma complacência entre pares que muitas vezes ignoram ações descabidas de chefes ruins, mantendo-os ilesos nas empresas, simplesmente pelo fato de serem como eles.

E, quando chefes ruins unem atitudes nocivas ao falso discurso de meritocracia, vemos surgir uma cascata de distorções grotescas na liderança, minando por completo as relações no ambiente de trabalho, como as que exemplifico a seguir:

- **Metas impossíveis de serem batidas**: Um erro comum no manuseio de métodos meritocráticos é a hipervalorização das metas, considerando erroneamente números irreais

---

[5] Paola Ferreira Rosa et al., "Número de pessoas negras em cargos de chefia cresce, mas barreiras persistem". *Folha de S.Paulo*, 23 dez. 2023. Disponível em: <https://www1.folha.uol.com.br/mercado/2023/12/numero-de-pessoas-negras-em-cargos-de-chefia-cresce-mas-barreiras-persistem.shtml>. Acesso em: 25 ago. 2024.

como factíveis. O líder que determina objetivos impossíveis aposta na superação como a única variável que pode elevar as entregas da equipe. Portanto, existe uma crença de que basta os liderados se dedicarem ao extremo para vencerem o desafio imposto. Nesses casos, vemos a falta de empatia e de compreensão de diversos fatores que impactam diretamente o trabalho, desde o fornecimento de ferramentas adequadas à atenção com a saúde mental do time.

- **Rebaixamento do esforço da equipe em comparação às próprias conquistas:** Chefes ruins costumam acreditar que ascenderam ao posto de liderança tão somente por seus próprios méritos, descartando o contexto de privilégios de que eventualmente já faziam parte. No entanto, essa visão deturpada de "se eu consegui, eles também conseguem", faz com que esses chefes rebaixem o esforço da equipe caso ela não atinja as metas improváveis preestabelecidas. Esse rebaixamento ocorre pela comparação inoportuna, sugerindo que se o chefe estivesse em campo, desempenhando aquele trabalho, ele teria sucesso.

- **Ninguém é bom suficiente, melhor buscar talentos fora:** Por fim, se nenhum membro da equipe foi bom o suficiente na comparação com o passado "glorioso" do chefe ruim, o time inteiro passa a ser desacreditado. Classificados de forma equivocada como "medianos", os liderados veem as oportunidades minguarem internamente, enquanto o chefe abre espaço para seleções externas, como se apenas no mercado fosse possível encontrar alguém com o mesmo patamar de talento que ele acredita ter.

Ambientes tóxicos podem contaminar um bom líder?

Além da predisposição de profissionais acabarem imitando um chefe ruim por assistirem a seu modelo fazer sucesso na empresa, existe ainda a possibilidade de eles, inconscientemente, reproduzirem atitudes tóxicas apenas por estarem expostos a elas. Essa é a conclusão de um dos estudos da ph.D Abigail Phillips,[6] pesquisadora em psicologia organizacional da Alliance Manchester Business School.

Analisando a situação de 1200 profissionais em empresas de diversos ramos pelo mundo, ela identificou que, quanto maior o nível de psicopatia na personalidade dos líderes, maior a prevalência de bullying entre as equipes, o que causa sofrimento psicológico como estresse, depressão e comportamento improdutivo. E, pior, os funcionários desenvolveram e repetiram os comportamentos tóxicos de seus chefes.

Além dos danos e das consequências negativas no bem-estar mental da equipe, os trabalhadores atingidos tinham mais probabilidade de redirecionar suas frustrações dentro da própria empresa, ou seja, poderiam diminuir seus resultados e atacar os colegas com as mesmas atitudes que lhes causavam sofrimento.

Esse declínio de virtudes e alteração de personalidade aconteceu com Camilo, um gestor experiente que tive oportunidade de conhecer e conviver por certo período. A empresa familiar onde ele trabalhava e eu assessorava buscava uma grande mudança rumo à profissionalização. Após duas décadas de um método nada ortodoxo de gestão criado pelo próprio fundador, que envolvia brincadeiras desrespeitosas, insultos pessoais naturalizados em reuniões e inúmeros processos indenizatórios de ex-funcionários que não aguentaram o ambiente tóxico, a companhia beirava o colapso financeiro e precisava de uma total reconstrução cultural para sobreviver.

Na época, uma consultoria de RH foi contratada para ajudar na profunda e necessária transformação. Iniciamos o trabalho com um grande diagnóstico comportamental de cada membro do time e depois traçamos um plano de ação e acompanhamento para uma espécie de desintoxicação da cultura organizacional.

---

[6] Paul Irwing e Abigail Phillips. "Does Workplace Bullying Mediate the Effects of Leader Psychopathy and Narcissism on Employee Outcomes?". In: International Society for the Study of Individual Differences 14th Annual Conference, 2017, Varsóvia.

Dentre as medidas mais impactantes, estava o afastamento do diretor-fundador das funções de liderança direta, sendo negociado e aceito pelos filhos que teriam a dura missão de dar uma nova cara ao negócio, baseando a próxima cultura daquela empresa em valores e crenças pautadas no respeito, como desde o início deveria ter sido.

Apesar de duras, as modificações eram essenciais para a reconstrução da empresa e mostravam um novo e saudável caminho a ser asfaltado pela nova liderança. Mesmo com a aceitação imediata da equipe, Camilo, um gestor "das antigas" e moldado diretamente pelo método tóxico do fundador, mostrou-se resistente.

Enquanto as ações de correção avançavam, Camilo continuava distribuindo atitudes nocivas no ambiente de trabalho, mantendo-se fiel aos princípios (ou falta deles) de seu ex-líder. Tentando compreender suas ações, a consultoria de RH e minha equipe mapearam toda a trajetória de Camilo na empresa, e nos surpreendemos ao saber que sua postura era completamente diferente no início de sua jornada ali.

Porém, depois de anos convivendo com a toxicidade, ele foi absorvendo aquele método a ponto de internalizar tais práticas até mesmo a seu comportamento fora do trabalho, com a esposa e os filhos.

Acreditando em sua recuperação, um plano rigoroso com acompanhamento psicológico foi desenvolvido para ajudar Camilo. Foram meses de caminhada para que ele, aos poucos, conseguisse reprogramar sua postura, contribuindo com a melhoria do ambiente, mas até hoje, anos depois da reestruturação, ele continua tendo recaídas comportamentais (cada vez menos frequentes, é verdade) que precisam ser cuidadosamente avaliadas e acompanhadas.

É possível mudar?
Observando o caso de Camilo, que foi exposto à toxicidade extrema, será que ele conseguirá retornar a seu "normal" um dia, sem apresentar rompantes do passado?

Por muito tempo, acreditava-se que a personalidade seguia inalterada na vida adulta, mas pesquisas sobre o assunto demonstram que emoções e comportamentos continuam se alterando com novas experiências, sendo elas boas ou ruins.

Um estudo realizado por Jesse Meijers, da Universidade Vrije na Holanda,[7] tentou demonstrar que mudanças de personalidade podem acontecer depois de um período de convívio em certos ambientes, como a modificação que ocorre na personalidade das pessoas em regimes prisionais, as quais, depois de livres, têm dificuldade de voltar ao estágio anterior.

Aplicando o Modelo dos Cinco Grandes Fatores (Big Five), conceito difundido por William McDougall nos anos 1930 e amplamente usado pela psicologia na sociedade, a pesquisa tentou identificar e avaliar traços de personalidade da população carcerária com base em cinco traços principais:

- **Extroversão (o quão extrovertido alguém é)**: Pessoas com esse traço são mais sociáveis, animadas e dispostas a interagir com novas pessoas.
- **Neuroticismo (o quão estável emocionalmente alguém é)**: Indivíduos com alto grau de neuroticismo são mais reativos e vulneráveis ao estresse.
- **Agradabilidade (o quão simpático alguém é)**: Pessoas agradáveis são mais respeitosas, prestativas e cooperativistas.
- **Conscienciosidade (o quão disciplinado alguém é)**: Quem possui maior autodisciplina tende a seguir regras e não age com impulsividade.
- **Abertura para experiências (o quanto de interesse alguém tem por ter novas vivências emocionais)**: Conhecer ou se envolver com pessoas desconhecidas não é um fardo para indivíduos que se autoconhecem.

---

[7] Jesse Meijers et al. "Prison Brain? Executive Dysfunction in Prisoners". *Frontiers of Psychology*, v. 6, 29 jan. 2015. Disponível em: <https://www.frontiersin.org/journals/psychology/articles/10.3389/fpsyg.2015.00043/full>. Acesso em: 1º ago. 2024.

O estudo demonstrou que a mudança na personalidade de ex-detentos, ocorrida na prisão, continuava por bastante tempo impactando a vida deles após a liberdade. Ou seja, eles mantinham a repetição de comportamentos da época em que estavam reclusos em um ambiente pobre de desafios cognitivos, sem autonomia e de alto nível de desconfiança.

Daí a origem do termo "prisionização", uma síndrome de pós-encarceramento que acomete pessoas já libertas e que aumenta a dificuldade de superar os comportamentos internalizados durante o encarceramento.

Por serem estudos ainda incipientes sobre a população carcerária, podemos acreditar ser possível a reversão desses impactos naqueles que foram expostos e castigados por ambientes tóxicos, mas para isso é necessário bastante tempo vivenciando um novo espaço.

Em contrapartida, não podemos esquecer que existem indivíduos que não têm interesse em se redimir, ao contrário, alimentam-se de seus próprios desvios de conduta e buscam potencializar seus métodos ditatoriais para saciar a sede de poder.

E é essa anatomia nefasta, que impregna a personalidade de alguns chefes ruins, que dissecaremos nos próximos capítulos.

 Só é possível falar de meritocracia se todos os chefes tivessem trabalhado como a equipe para terem conquistado seus postos!

3

A ANATOMIA DO CHEFE RUIM

Desvendando os mistérios da mente de um chefe ruim

Ao longo dos estudos que realizei para escrever este livro, tive o apoio incondicional de diversos profissionais da saúde, dentre eles, psicólogos e psiquiatras que ajudaram a complementar tecnicamente as questões e os exemplos práticos que ilustram esta obra.

Apesar da vasta experiência na liderança formal, conduzindo, auxiliando e aprendendo com times de mais de 2 mil profissionais espalhados Brasil afora, minha preocupação também era de contextualizar corretamente os fatores que poderiam diagnosticar possíveis origens para o surgimento de comportamentos nocivos de profissionais com certo poder dentro das organizações.

Diante de inúmeras linhas científicas e filosóficas que muitas vezes se antagonizam entre si, buscamos explorar os embasamentos mais disseminados no mercado, traçando paralelos com a vida real, com o chão de fábrica e principalmente com os diversos modus operandi que chefes ruins assumem quando estão munidos de poder.

É praticamente indissociável realizar qualquer inferência sobre padrões comportamentais de chefes ruins sem avaliar características e traços de personalidade. Somente compreendendo o que existe por trás dos atos desses profissionais poderemos criar estratégias inteligentes e assertivas para lidar com eles.

Nesta parte, não estamos falando exclusivamente de transtornos de personalidade (como doença), mas sim de um conjunto de traços antissociais subclínicos que acabam levando um indivíduo "comum" a ter comportamentos indigestos para as pessoas ao seu redor.

Uma das linhas investigativas sobre a qual me debrucei e optei por aprofundar foi a teoria da tríade sombria ou tríade obscura. Originalmente citada em estudos de McHoskey, Worzel e Szyarto em 1998,[1] ela foi detalhada e bastante difundida por Delroy Paulhus e Kevin Williams,[2] ambos professores na Universidade da Colúmbia Britânica em 2002.

Os três construtos que compõem essa tríade também foram baseados nos Big Five (os cinco grandes fatores que moldam a personalidade) e tiveram suas classificações criadas de acordo com a incidência de maior ou menor grau desses fatores, tentando capturar atributos como a manipulação e a exploração, cujo modelo original não conseguia representar.

Assim, nasceram as definições dos três traços obscuros de conduta que formam a concepção tríplice. São eles:

- **Narcisismo**: Baseado na teoria de Sigmund Freud, que faz alusão ao personagem da mitologia grega Narciso, que se apaixona pelo próprio reflexo em um espelho d'água, caracteriza indivíduos egoístas e que buscam constante aprovação. Narcisistas são pessoas sedutoras que agem de forma inescrupulosa para conseguirem o que almejam. Demonstram ter baixa autoestima e alto grau de insegurança apesar de serem bem articuladas e parecerem amigáveis.

---

[1] John W. McHoskey, William Worzel e Christopher Szyarto, "Machiavellianism and Psychopathy". *Journal of Personality and Social Psychology*, v. 74, n. 1, pp. 192-210, 1998. Disponível em: <https://psycnet.apa.org/doiLanding?doi=10.1037%2F0022-3514.74.1.192>. Acesso em: 1º ago. 2024

[2] Kevin M. Williams e Delroy L. Paulhus, "The Dark Triad of Personality: Narcissism, Machiavellianism, and Psychopathy", *Journal of Research in Personality*, v. 36, n. 6, pp. 563-6, 2002. Disponível em: <https://www.sciencedirect.com/science/article/abs/pii/S0092656602005056?via%3Dihub>. Acesso em: 1º ago. 2024.

- **Maquiavelismo**: Nome dado em homenagem à linha filosófica e política do italiano Nicolau Maquiavel, essa dimensão corresponde aos indivíduos manipuladores que agem com extrema frieza. Além disso, os maquiavélicos buscam satisfazer desejos próprios e não apresentam empatia com colegas ou qualquer pessoa que surja em seu caminho.
- **Psicopatia**: Esse traço não é caracterizado por um transtorno de personalidade, o que seria uma doença, mas por condutas antissociais, como a falta de remorso, o tédio, a ausência de comprometimento com regras e uma predisposição à impulsividade.[3]

Pessoas que apresentam a combinação tóxica desses traços podem prejudicar seus colegas de trabalho, impactando-os negativamente de forma duradoura e os ludibriando por meio de um caráter charmoso e carismático.

Dessa forma, esses perfis passam desapercebidos em entrevistas de emprego e acabam trazendo maiores riscos para o ambiente laboral, principalmente se ocuparem cargos de poder nas empresas.

Para Petter Anderson Lopes, que atua em perícia forense digital, é autor do livro DARK TRIAD: *A tríade sombria da personalidade* e CEO da Peritum, os traços sombrios compartilham características como desagradabilidade, insensibilidade, falsidade, egocentrismo, falta de honestidade/humildade e tendências à manipulação e exploração interpessoal que só são vistos ao longo do tempo, e por isso prejudicam gradativamente o ambiente de trabalho.[4]

---

[3] Os traços apresentados aqui são características subclínicas que podem se manifestar em qualquer pessoa sem necessariamente se tratar de um diagnóstico de transtorno de personalidade. (N.E.)

[4] Petter Anderson Lopes, DARK TRIAD: *A tríade sombria da personalidade*. São Paulo: UICLAP, 2023.

Apesar dessas evidências, ainda não é garantido que 100% dos chefes ruins carregam obrigatoriamente os três traços, mas com certeza eles têm propensão a agir sob influência de pelo menos um ou dois desses atributos.

Essa visão é compartilhada no estudo[5] dos professores Gregory Webster e Peter K. Jonason realizado em diversas universidades americanas, demonstrando que, apesar de não apresentarem a tríade completa, esses perfis conseguem impactar negativamente as relações interpessoais no ambiente corporativo.

A mesma pesquisa concluiu que existe uma concentração maior de pessoas com comportamentos narcisísticos, o que pode explicar a predominância desse perfil nas organizações e de chefes com elevado grau de autoproteção aliado a tentativas periódicas de autopromoção.

Em contraponto ao modelo da tríade sombria e buscando equilibrar novamente atributos benéficos de personalidade, Scott Barry Kaufman, psicólogo do departamento de psicologia da Universidade Columbia, decidiu criar outra tríade, denominada tríade da luz ou tríade do bem.

Segundo Petter[6] a diversidade do comportamento humano é gigantesca. A pesquisa de Kaufman[7] sugere que, embora as personalidades possam se inclinar para traços da tríade da luz ou da tríade sombria, a maioria das pessoas apresenta uma mistura dessas características. Essa dualidade pode ser vantajosa, pois os aspectos "mais sombrios", como a assertividade, muitas vezes são úteis para alcançar objetivos e liderar.

---

5 Gregory Webster e Peter K. Jonason, "The Dirty Dozen: A Concise Measure of the Dark Triad", *Psychological Assessment*, v. 22, n. 2, pp. 420-32, 2010. Disponível em: <https://www.researchgate.net/publication/44653925_The_Dirty_Dozen_A_Concise_Measure_of_the_Dark_Triad>. Acesso em: 13 ago. 2024.

6 Petter Anderson Lopes, op. cit.

7 Scott B. Kaufman "Introducing the Light Triad". 15 mar. 2019. Disponível em: <https://scottbarrykaufman.com/introducing-the-light-triad/>. Acesso em: 13 ago. 2024.

De acordo com Kaufman, os traços de bondade que definem a tríade da luz são:

- **Humanismo**: Rivalizando com o narcisismo, essa dimensão trata da compreensão que devemos ter sobre a capacidade, o valor e a singularidade de cada pessoa, tratando-as com o devido respeito e dignidade, sem subestimá-las ou diminuí-las.
- **Kantismo**: Baseada na filosofia do alemão Immanuel Kant, apoiando-se em deveres e não em objetivos, deriva de relações verdadeiras e autênticas sem segundas intenções, contrapondo a veia manipuladora do maquiavelismo.
- **Fé na humanidade**: Acreditando na bondade das pessoas, essa dimensão reforça a crença de que todos temos algo positivo a oferecer, servindo como alicerce para nosso amadurecimento pessoal.

Figura 1 – As tríades sombria e da luz

Com o intuito de reforçar a presença da dualidade nos indivíduos, Kaufman tentou opor os traços sombrios com novos traços antagônicos, acreditando que pessoas comuns tendem a navegar entre ambos os lados ao longo de sua jornada, o obscuro e o da luz, corroborando a ideia de que nossa personalidade é mutável e diretamente impactada pelo meio em que vivemos.

As emoções escondidas nos bastidores enquanto atitudes nocivas estão em cena

Segundo António Damásio e Joseph E. LeDoux,[8] neurocientistas renomados, a emoção é uma resposta cognitiva automática a um estímulo, ou seja, é a geração inconsciente de um comportamento, e provoca reflexos corporais, como alteração na frequência cardíaca.

Se as emoções nos alertam fisicamente ao entrarmos em contato com alguma anomalia no ambiente, como identificar que corremos perigo, são os sentimentos que traduzem tais efeitos em nossa mente. Enquanto as sensações físicas nos geram estímulos por instinto, nossos sentimentos criam o discernimento e o significado para aquela emoção.

Quando deparamos com uma cena inusitada de risco, nosso sistema límbico (parte do cérebro que processa as emoções) nos leva a compreender que aquela situação pode afetar nossa integridade e, logo, ficamos amedrontados diante do cenário.

De forma simplificada, sentimentos são respostas conscientes e predefinidas de um indivíduo às próprias emoções geradas em sua vivência. É por isso que, quando julgamos um chefe ruim como egoísta, estamos nos baseando em suas atitudes que julgamos inadequadas, mas que vêm de um conjunto de emoções e traumas que nem sempre temos acesso e compreensão.

O mesmo acontece ao depararmos, por exemplo, com reações explosivas, que escondem o real sentimento de insegurança em que líderes tóxicos estão apoiados. Líderes inseguros costumam se esquivar de responsabilidades ou culpar outras pessoas ao mínimo sinal de que o problema gerado possa atingir sua imagem, porém nem sempre compreendemos a origem dessa postura.

É muitas vezes nesse contexto, de interpretação subjetiva, que os liderados precisam navegar. Nem sempre o trabalho em si é difícil ou extenuante, mas viver sob os altos e baixos

---

8 Carlos Blanco. *Historia de la neurociencia.* Madri: Biblioteca Nueva, 2014.

da convivência com um líder instável emocionalmente é o que torna a vida laboral insuportável.

Identificar e assimilar corretamente o que acontece na cabeça de chefes ruins passa a ter importância central para tornar a rotina dos liderados menos tensa e mais palatável. Porém, entender o que acontece de fato atrás das cortinas de um posicionamento duro e distante do próprio líder é um desafio e, para realizarmos esse diagnóstico, precisamos classificar os principais sentimentos geradores de comportamentos tóxicos na gestão.

Utilizando como base a tríade sombria e seus três traços obscuros de personalidade, construí o acrônimo BE4I, que engloba seis sentimentos que alicerçam boa parte das manifestações maléficas causadas por chefes despreparados:

Figura 2 – Os seis sentimentos mais comuns em chefes ruins

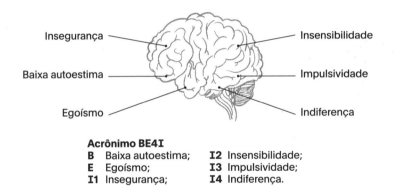

Acrônimo BE4I
B Baixa autoestima;
E Egoísmo;
I1 Insegurança;
I2 Insensibilidade;
I3 Impulsividade;
I4 Indiferença.

A seleção desse conjunto de sentimentos sugere a identificação de ao menos dois deles com cada um dos três traços da tríade sombria, provocando reações naturais em indivíduos que apresentam algum nível dessas características.

Assim, podemos deduzir que os narcisistas tendem a ser inseguros e ter baixa autoestima, os maquiavélicos a ser egoístas e insensíveis, assim como os psicopatas demonstram, em sua maioria, elevado grau de impulsividade e indiferença ao próximo.

Figura 3 – Os seis sentimentos mais comuns de chefes ruins sob a ótica da tríade sombria

Saber identificar tais sentimentos de forma simples e prática, como proponho na tríade, pode ajudar — e muito! — a montar estratégias para lidar com chefes tóxicos. Compreender que pequenos sinais expostos são apenas a ponta de um iceberg comportamental de seu chefe é o primeiro passo para aprender a lidar com ele.

Baixa autoestima

Para compreender como a baixa autoestima impacta diretamente nossa vida, antes precisamos falar de quatro conceitos da psicologia que chamarei de modo simbólico de "os quatro autos".

O primeiro e a base para os demais é o autoconhecimento. Quando identificamos nossas virtudes, nossos defeitos e principalmente nossos medos e desejos, conseguimos gerenciar melhor nossas emoções e atitudes.

Já a autopercepção, ou seja, o modo como nos percebemos, é afetada por nosso autoconhecimento e diz respeito à forma como nos valorizamos, se aceitamos conscientemente nossos pontos fortes e os a melhorar. Um exemplo comum é o desvio de percepção de imagem sofrido por muitos adolescentes, que acaba sendo reforçado negativamente com rejeições e bullying. Por não terem maturidade suficiente para se autoconhecerem, esses jovens acabam se julgando como incapazes e inadequados perante seus potenciais reais. Com essa visão negativa de si, surgirão problemas de autoestima.

A autoestima envolve o modo como confiamos em nós mesmos. Podemos dividir a autoestima em dois sentimentos, o de competência pessoal, em que confiamos e acreditamos naquilo que somos capazes de fazer, lidando de maneira saudável com desafios e frustrações, e o de valor pessoal, que determina o amor-próprio e a visão de que somos merecedores de coisas boas em nossa vida.

Por fim, indivíduos com baixa autoestima têm dificuldade com o quarto e último "auto": a autoafirmação, ou seja, o ato de expressar opiniões e defender um ponto de vista. Ela é construída ao longo da vida, por experiências e traumas que moldam negativamente a forma de pensar sobre si próprio.

Quem tem baixa autoestima carrega elevado grau de autocrítica e não se aceita como merecedor de algo bom, mantendo sempre uma visão de inferioridade diante de seus atributos.

Na liderança, os impactos da baixa autoestima não recaem apenas na figura do chefe, mas nos desdobramentos de suas ações com pares e principalmente liderados.

Como efeito colateral da baixa autoestima, a procrastinação é um dos mais severos. Ao terem medo de não conseguir desempenhar suas atividades como o esperado para o cargo, os indivíduos com baixa autoestima acabam se frustrando rapidamente. Evitando concluir tarefas importantes por não estarem tão boas segundo seu julgamento, profissionais com esse padrão desenvolvem o perfeccionismo negativo, um sistema de defesa em que toda oportunidade de errar será considerada uma possibilidade de fraqueza e não de aprendizado. Um caso clássico é quando um chefe perfeccionista faz reiteradas mudanças no trabalho da equipe por acreditar que os subordinados não estão dando conta das demandas. Exigindo uma excelência inexistente, esse gestor paralisa o desenvolvimento do time e de si próprio em busca de algo impossível.

A falta de confiança, outro sintoma apresentado, pode criar um ambiente reacionário e de animosidade na equipe, onde a proatividade não é valorizada e a resistência a mudanças impera. Isso porque manter o confortável status quo garante que pessoas acometidas por esse sentimento não fiquem expostas ao julgamento alheio, escondendo-se para evitar que outros tenham a mesma visão degradante sobre suas incapacidades.

Ademais, o medo da exposição leva em consideração o receio de quem tem baixa autoestima de ser rejeitado por um indivíduo ou um grupo. Essa é a origem do "levar para o lado pessoal" como mecanismo de defesa. Ao serem criticados, líderes sem autoconhecimento suficiente interpretam que as considerações do outro são ataques pessoais e por isso se sentem extremamente ofendidos, como no caso do Fábio.

Chefes que levam tudo para o lado pessoal assumem uma postura rígida e aos poucos são abandonados por pares sob a ótica de serem "difíceis de lidar".

Considerando-se vítima de perseguição, a postura adotada corrobora e alimenta um ciclo de autodepreciação, reforçando a visão negativa sobre si e, pior, fazendo com que esse gestor fique cada vez mais recluso para evitar novos embates que possam revelar ainda mais sua virtual falta de aptidão.

O pavor de estar em uma posição negativa de evidência leva chefes acometidos pela baixa autoestima a viver em estado de alerta. A pressão acaba contaminando todo o time com a sensação de perigo iminente, prejudicando não apenas a performance, mas a saúde mental das pessoas.

Proibir que a equipe ajude uma área vizinha, não se envolver em projetos complexos, falar mal de pares a seus liderados buscando concordância e dizer sempre "não" são exemplos comuns de atitudes de líderes com baixa autoestima. O problema é que, com isso, eles acabam impedindo que os membros do próprio time se desenvolvam, sejam criativos e principalmente arrisquem algo novo.

Insegurança

Insegurança e baixa autoestima caminham juntas. Pessoas inseguras também sofrem de uma percepção negativa de sua autoimagem e sentem medo do que os outros podem pensar sobre suas limitações. Esse estado emocional emerge a cada episódio de ameaça iminente e que possa colocar em dúvida a capacidade do indivíduo.

O medo é uma característica intrínseca da insegurança, provocando uma sensação de impotência diante de desafios que trazem à tona gatilhos para esse sentimento. Medo de falhar ou de não corresponder às expectativas dos outros leva o profissional a ficar paralisado, impedindo-o de se desenvolver e levando-o a ter comportamentos egoístas, como ciúme e inveja.

Cercar-se de bajuladores para aumentar a sensação de aceitação é uma forma precária e incoerente de vender uma postura destemida que muitas vezes não existe. Com auxílio de puxa-sacos, chefes inseguros deixam de ter opositores na equipe e passam a priorizar um grupo de defensores que, além de não questionarem suas decisões, ainda informarão quem é contra seus desmandos.

Diminuir a conquista de outrem é mais um subterfúgio comum de pessoas inseguras. No ambiente de trabalho situações como essa são corriqueiras. Tentar destruir a imagem do outro para que este não ganhe mais espaço que o inseguro é limitar o crescimento alheio tentando manter a empresa na mediocridade.

Aquele colega que tenta detrair as qualidades do par apenas por ele estar se destacando e o chefe que não quer que ninguém do time se sobressaia (provavelmente para não criar concorrência para sua própria posição) são típicos exemplos de indivíduos inseguros.

Líderes assim tendem a esconder sua insegurança com uma postura arrogante, reduzindo pontos de diálogo para não correrem o risco de perder um embate ou mostrar que conhecem pouco da própria operação.

Outro comportamento dominante da insegurança é a negação. Negar a responsabilidade de um erro cometido demonstra a incapacidade do profissional de estar aberto ao aprendizado e ter a humildade de corrigir sua postura. Entendendo que jamais será capaz de realizar uma atividade como deveria, ele é rapidamente convencido de que é mais fácil desistir do que tentar aprender e vir a errar novamente.

Parece contraditório que uma pessoa insegura com suas próprias capacidades acabe por rechaçar qualquer possibilidade de erro como se fosse perfeita, mas é o que acontece com frequência. Logo ao primeiro sinal de indagação sobre possíveis problemas, a reação automática do chefe ruim é a autodefesa, além de reclamar de outros fatores para se livrar da culpa.

A transferência de responsabilidade é um gatilho peculiar da insegurança, pois é na tentativa de esquivar o foco de julgamentos negativos para outra pessoa que geralmente os inseguros miram seus ciúmes a alguém de maior destaque na empresa.

Por fim, outra característica de chefes inseguros e que afeta diretamente a equipe é a dificuldade de falar "não" para agradar a todos. A insegurança, nesse caso, deve-se à dependência de ser constantemente aceito e amado por determinado grupo.

Veja que o medo de ser rejeitado leva um líder fraco a não negociar corretamente prazos ou escopos que não são de competência de sua área apenas para evitar um possível conflito. O receio de falhar e não corresponder às expectativas dos outros faz o inseguro não ter comprometimento com a capacidade máxima de tarefas que sua equipe consegue desempenhar, tratando todas as negociações de prazos de maneira nebulosa e sem assertividade. Com certeza você já viu algum inseguro aceitando sem pestanejar um pedido gigantesco "pra ontem" apenas para receber um "muito obrigado pela ajuda". Dada essa condição psicológica, esses chefes acatam todas as demandas, até mesmo as indevidas, tentando gerar o sentimento de gratidão de outras áreas da companhia por necessidade de aceitação.

Dessa maneira, massacram o time com atividades que vão além de sua capacidade de trabalho, obrigando os liderados a ficar depois do expediente e destruindo aos poucos a saúde mental deles.

Nesse caso emblemático, é fácil deduzir como a situação acaba: (1) com a equipe totalmente desgastada, mas com as entregas feitas, dando ao chefe a percepção errada de que ele pode aceitar mais demandas que a capacidade outras vezes no futuro ou (2) com a equipe também desgastada, porém sem cumprir os combinados, tendo o chefe distorcido a responsabilidade do fracasso ao afirmar que isso foi pura incompetência do time.

Insensibilidade

Há tempos passamos da época em que funcionário era tratado como uma roldana de engrenagem. Hoje, qualidades como criatividade, proatividade e paixão por resolver problemas têm um grande peso para ajudar um negócio a prosperar.

Se antes se aproximar da equipe era um sinal de fraqueza e o que imperava era o mote "manda quem pode e obedece quem tem juízo", agora liderar envolve ter empatia e envolvimento emocional para extrair a máxima motivação e performance de um time.

O líder entende que todo ser humano tem dias bons e dias ruins, e usa essa proximidade emocional para equilibrar o ambiente e torná-lo mais harmonioso, seguro e coeso, transformando a equipe em uma verdadeira rede de apoio. Já o chefe insensível continua acreditando que os liderados são meras peças de um mecanismo e que podem ser trocadas ao primeiro sinal de "pane".

A insensibilidade denota a incapacidade de uma pessoa de dar respostas emocionais à outra, o que a faz agir de forma robotizada e antipática, ter dificuldade nas relações interpessoais e evitar se envolver com as emoções alheias e as suas próprias. Em graus mais elevados, essa insensibilidade pode ser clinicamente diagnosticada como uma doença chamada alexitimia.

Aos olhos de quem convive com profissionais insensíveis emocionalmente, a visão é de que eles são pessoas bastante calculistas, maquiavélicas e antipáticas. Muitos casos de insensibilidade podem estar ligados a situações adversas que levaram o indivíduo a desenvolver tal condição. O luto, o transtorno pós-traumático e a depressão estão comumente relacionados ao desenvolvimento desse sentimento.

Porém, deixando de lado os casos comprovadamente clínicos, podemos, sim, encontrar chefes extremamente duros e racionais a ponto de não se importarem com as emoções de pares, colegas, superiores e, é claro, de seus times.

Foi essa mesma postura que contribuiu para desestabilizar por completo a vida de Luana, que vivia um drama particular incompreendido por sua empresa. Na madrugada de 4 de janeiro de 2023, um vazamento de gás culminou em uma explosão no prédio vizinho ao que ela morava no Rio Grande do Sul.

O trágico incidente foi noticiado em todo o país e resultou em uma morte, diversos feridos e em ambos os prédios interditados pelo Corpo de Bombeiros para perícia. Devido aos riscos, mais de trinta famílias foram retiradas do lar sem ter para onde ir, inclusive Luana, que precisou se reorganizar e se afastou por três dias do trabalho.

No quarto dia após o acidente, ela retornou à empresa e apresentou a declaração da Defesa Civil à sua chefe para justificar oficialmente o motivo de sua ausência. No dia seguinte, ela foi informada por sua superior que a companhia não aceitaria tal declaração e, por faltarem poucos dias para o fechamento do ponto, ela não teria tempo hábil para fazer uma compensação das horas perdidas e por isso elas seriam descontadas de seu salário no mês seguinte.

Além de tratar com extrema racionalidade a frágil situação, a chefe ainda recomendou à Luana que tomasse cuidado com eventuais saídas para resolver outras pendências, pois seu banco de horas "já estava muito negativo".

Abalada emocionalmente pelo ocorrido e sem apoio da empresa, Luana acabou tomando uma decisão drástica. A falta de humanidade demonstrou o quanto aquela empresa não compartilhava de valores como compaixão e empatia, e assim ela preferiu pedir demissão a continuar sofrendo abusos emocionais como aquele. Ironicamente, ela fazia parte do RH da empresa, que mantinha como mote e crença cultural o velho bordão do "aqui somos uma família".

Apesar de não ter o dever de abonar as horas não trabalhadas, mesmo que justificadas conforme prescreve a lei, a empresa não se valeu do bom senso e tratou de forma rígida uma situação totalmente rara e imprevisível.

Essa postura de inflexibilidade é a mesma que vimos no discurso de que "ao entrar na empresa você deixa sua vida pessoal lá fora", ainda que isso seja impossível de ser feito. Somos seres indivisíveis e, da mesma forma que levamos problemas do trabalho para casa, somos direta ou indiretamente afetados por questões pessoais ao longo da jornada laboral.

Casos como o de Luana demonstram uma visão rigorosa que trava a liderança, restringindo-a apenas ao ato de cumprir regras impostas e deixando de lado fatores externos não imputáveis à vontade do trabalhador.

Acontece que a falta de um olhar mais emotivo e complacente com a equipe mais prejudica do que ajuda a organização. Tratar com indiferença situações de abalo emocional no ambiente de trabalho é não reconhecer e dar o devido tempo de recuperação ao funcionário, culminando em uma decisão imatura de demissão, por exemplo.

E, como a própria Luana disse em seu desabafo nas redes sociais, não é necessário que a liderança seja benevolente, mas ter bom senso é indispensável: "Por mais substituíveis que sejamos, não quer dizer que não possamos ser acolhidos através do mínimo esforço das empresas para as quais dedicamos a maior parte de nosso tempo e, muitas vezes, os melhores anos de nossa vida".

Egoísmo

Outro sintoma comum no traço de personalidade maquiavélico é o hábito de a pessoa sempre colocar seus interesses pessoais e íntimos na frente de tudo e de todos.

O egoísmo no ambiente de trabalho não é, por si, condenável, até porque priorizar nossa carreira faz parte de nosso crescimento profissional, porém, quando o egoísmo se torna parte do modus operandi da liderança, acaba por impedir o desenvolvimento dos liderados e o do próprio líder.

A inversão de prioridades, em que o chefe acredita que o time precisa dele e não o contrário, dita o funcionamento de muitas empresas em que a concentração de poder distorce uma série de situações rotineiras.

A tendência egoísta aumenta a distância entre chefe e equipe, pois quem está munido de poder tem a crença de ser maior e mais importante do que os demais. Não falamos apenas de colocar seus desejos enquanto pessoa física acima do coletivo e do bem da empresa, mas principalmente da imposição de suas ideias e opiniões.

O egoísmo atinge a tomada de decisão, fazendo prevalecer sempre a palavra do líder, reduzindo a contribuição do time, que passa a se calar depois de entender que não será ouvido. O apego ao poder e às próprias convicções gera falta de autonomia dos liderados, criando uma atmosfera de apequenamento, cheia de restrições e controle excessivo.

Consequências também são vistas em momentos importantes de exposição, quando a equipe bate uma meta ou recebe um prêmio. A presença apenas do gestor revela o egoísmo por não compartilhar tais ocasiões com os liderados. A ausência de reconhecimento dos demais em conquistas coletivas levam ao enfraquecimento da cultura, facilitando a criação dos feudos corporativos que citamos.

A prática egoísta invade, ainda, as salas de recrutamento e seleção quando enxergamos a contratação de profissionais medianos e menos experientes que o gestor apenas para satisfazer a sensação de que sua presença é insubstituível na empresa e que todos são dependentes de suas ideias e aptidões.

Essa é uma das estratégias de um líder cujo ego é carente de reforço positivo, que busca sem cessar a autoconfirmação e acaba limitando a opinião alheia que possa eventualmente lhe tirar o protagonismo. Daí nascem frases arrogantes como "você sabe com quem está falando?" ou "eu criei este procedimento e ele só funciona se continuar assim, não tente mudá-lo".

Foi dessa maneira que Marcos, um gestor egoísta, quase quebrou a empresa de médio porte onde ele trabalhava no interior de São Paulo. Hostil a qualquer mudança sugerida pelo simples fato de ele ter criado boa parte dos padrões e processos, por pouco esse profissional não levou a companhia de desenvolvimento de software a fechar as portas com altos custos de operação.

O apego de Marcos a suas ideias já defasadas atrapalhava a negociação de prazos com usuários, tirava a liberdade dos programadores e ainda encarecia o preço final das propostas comerciais.

Como responsável por toda a operação, Marcos foi afugentando até os clientes mais antigos com sua postura reativa. Mesmo aparentando ser fiel a suas convicções e acreditando que estava fazendo o bem para a empresa, a verdade era que ele não queria "largar o osso" ao não permitir que outras pessoas o ajudassem a melhorar os processos internos que ele impôs.

Tornando a situação insustentável com seu egoísmo, Marcos não cedeu aos apelos de seus pares, o que forçou o dono da empresa a tomar a decisão de demiti-lo para conseguir ter liberdade de ajustar o que era necessário.

Impulsividade

Uma das reuniões mais desorganizadas em que estive presente foi para conversar com um cliente de minha consultoria. Eu participava como convidado da divulgação trimestral de resultados e assimilava as informações para me inteirar dos desafios que a empresa tinha.

Ouvíamos na ocasião o gerente de vendas falar sobre as dificuldades enfrentadas, o crescimento da concorrência e a economia enfraquecida. Os fatores externos e internos foram expostos previamente como uma maneira de justificar, na sequência, os números aquém das metas estabelecidas.

O gerente tinha cuidado e zelo com o discurso, não queria retirar sua responsabilidade da situação, mas era necessário dizer que a falta de pessoal causada por uma demissão em massa prejudicou o trabalho. Buscando preparar o terreno antes de dar a informação que importava, ele disse que o maior impacto para os números ruins foi a decisão (da qual ele não compactuou) de demitir parte dos vendedores e que, sem a capilaridade anterior, as vendas ficaram abaixo do esperado.

Apesar de apresentar dados consistentes, o diretor comercial (decisor das demissões) se levantou da cadeira e pediu de maneira deselegante que o gerente parasse a apresentação e deixasse a reunião. Em seguida falou aos presentes que demitiria o sujeito pela incapacidade de prover soluções diante de cenários desafiadores.

Dias depois da bravata, o diretor, que apenas queria constranger o funcionário, não foi adiante com o que dissera na reunião, mas o gerente, que havia ficado sabendo da ameaça de demissão, tomou a decisão de deixar a empresa por não confiar mais na sensatez de seu chefe.

Esse caso é a representação cabal da impulsividade, da ação de falar e agir sem pensar nas consequências de seus atos. Respostas dadas por capricho são geralmente desestruturadas e arriscadas, podendo gerar situações indesejáveis, como a do diretor que ficou à deriva por acreditar que o gerente não teria coragem de pedir demissão.

Agir por impulso faz parte de nossa natureza, porém o fato de ceder com frequência a esse comportamento a ponto de impactar a qualidade de vida deve ser encarado como uma possível patologia. Pessoas impulsivas, como o diretor do exemplo anterior, têm dificuldade de aceitar a rejeição e a frustração e por isso reagem de forma desproporcional e imediata, sem se importarem com os impactos que podem causar.

Para o psicólogo renomado Daniel Goleman, temos duas mentes que convivem em sintonia na maioria do tempo: a racional e a emocional. Porém, quando entram em desequilíbrio, a impulsividade pode vir à tona.

Segundo ele: "Na maioria do tempo, ambas operam em perfeita harmonia para nos orientar na vida. Os sentimentos são essenciais para o pensamento e vice-versa. Mas, quando surgem as paixões, esse equilíbrio se desfaz: é a mente emocional que assume o comando, inundando a mente racional".[9]

Assim, podemos deduzir que chefes impulsivos costumam sair com frequência desse equilíbrio mental, permitindo que sua emoção sobressaia. É por isso que eles tendem a interromper a fala dos outros, não têm paciência para ver o desenvolvimento alheio e acabam até pegando o trabalho da equipe para fazer.

Ter reações explosivas e agressivas ao ser contrariado também é um traço de impulsividade que mina a confiança e desgasta relacionamentos na vida e no mundo corporativo. A impaciência latente leva chefes impulsivos a cometerem injustiças no ambiente de trabalho, sem dar tempo suficiente para ver o amadurecimento de seus funcionários. A impulsividade gera um efeito extremamente prejudicial à empresa, mas muito comum: o turnover.

O alto índice de demissões e recontratações em uma área pode ter como origem a impulsividade de um chefe impaciente que na maioria das vezes não soube desenvolver um time mais inexperiente.

---

[9] Daniel Goleman, *Inteligência emocional: A teoria revolucionária que redefine o que é ser inteligente*. Rio de Janeiro: Objetiva, 1996. [E-book]

Indiferença

A indiferença é pior do que a falta de empatia gerada pela insensibilidade. Esse traço faz o indivíduo agir como se uma pessoa ou grupo não existisse, nutrindo um profundo desdém à presença e às emoções do outro.

O desapego e a frieza diante da existência de alguém trazem a sensação de abandono e falta de zelo. É diferente do silêncio proposital que muitas vezes pode auxiliar a esfriar os ânimos para evitar confrontos diretos.

A indiferença é um sentimento de desapreço comum nas relações humanas. No convívio familiar e conjugal, por exemplo, ela é a responsável pelo distanciamento dos casais, levando-os ao enfraquecimento matrimonial e ao divórcio.

No mundo corporativo, a indiferença também acomete as relações entre líderes e liderados, resultando na quebra de confiança, na falta de suporte para o desenvolvimento de tarefas e no desestímulo para cumprimento de desafios.

Não dar o suporte necessário, muitas vezes confundido com "autonomia", é um mecanismo comum de demonstrar indiferença com os colaboradores. Não ter escuta ativa é outro sinal de indiferença. Quando apenas o chefe fala, inibindo que a equipe exponha sua opinião ou dê sugestões de como atuar em determinada situação, demonstra a falta de interesse em entender as dores da própria operação.

Sem compreender profundamente quais são as dificuldades dos funcionários, o chefe ruim não dedica tempo para o desenvolvimento de cada membro da equipe, mantendo-os muitas vezes estagnados na estrutura organizacional.

É na ingratidão pelo esforço individual e coletivo que a indiferença aflora, deixando clara a falta de reconhecimento profissional e como as pessoas, para aquele gestor, são descartáveis.

Apesar das consequências dessa displicência, ela ainda é menos danosa que o método mais cruel de indiferença, que é o de ignorar a existência de um ou mais colaboradores, demonstrando evidente rejeição por sua presença.

A repulsiva falta de consideração emite o maior nível de covardia de um chefe, pois envolve sua incapacidade de resolver um atrito, o que faz esse gestor evitar a situação e ignorar por completo a existência do colaborador responsável pelo embate. Mesmo que a opção de um chefe indiferente seja demitir em vez de resolver o impasse, ela ainda será menos danosa do que escantear e isolar um colaborador apenas pela falta de afinidade que nutre por ele. Aliás, devo reforçar que excluir profissionais, diminuindo sua participação em projetos ou retirando seu trabalho, é considerado assédio moral e passível de imputação direta de processo trabalhista.

Esse desprezo vindo da liderança foi profundamente sentido por Paulo, vendedor em uma loja de óculos de sol em Copacabana, Rio de Janeiro, que se viu sozinho diante de uma fiscalização da prefeitura.

Abandonado por seu gerente assim que este percebeu o crachá de servidor municipal que o rapaz ostentava no peito, Paulo ficou perdido ao ser indagado sobre onde estava o alvará de funcionamento do estabelecimento.

Sem encontrar o documento que deveria estar exposto em alguma parede, Paulo ligou para o chefe, obtendo como resposta que em alguns minutos ele enviaria o arquivo para o e-mail da loja.

Horas depois e sem o retorno necessário, a loja foi autuada pelo fiscal. Naquele mesmo dia, Paulo teve que fechar o estabelecimento sozinho e, pior, com um peso desconfortável sobre suas costas.

Na manhã seguinte, ao chegar ao trabalho, o gerente da loja aguardava Paulo com a cara fechada. Esbravejando com o liderado, dizia que eles não tinham alvará e que esperava que o vendedor tivesse a maturidade de "se virar" e encontrar uma desculpa para que a autuação não fosse feita. Pela falta de "resiliência" apresentada por Paulo, ele foi dispensado em seguida.

 Chefe que tem **medo** de assumir seus erros só demonstra **coragem** ao expor a própria equipe como culpada!

Psicopatas corporativos

Após traçarmos o contexto de psicopatia subclínica como um traço de personalidade na tríade sombria e que não configura uma condição patológica do indivíduo, chegou a hora de explorarmos um degrau abaixo na obscuridade da mente humana para explicar algumas das atrocidades cometidas no ambiente de trabalho.

Já se vão mais de dez anos desde que o termo "psicopata corporativo" chegou com força ao Brasil e assustou muita gente. Foi na reportagem icônica, assinada por Maurício Horta e publicada pela revista *Superinteressante* em 2011,[10] que tivemos uma grande exposição sobre o tema que, até aquele momento, estava escondido nas organizações.

Desde então, novas e amplas pesquisas corroboraram o que todo mundo já pressentia, mas tinha medo de debater no cafezinho da empresa: convivemos diariamente com psicopatas no ambiente laboral.

Diferentemente do traço subclínico, a psicopatia como transtorno de personalidade antissocial (TPAS) está listada na Classificação Estatística Internacional de Doenças e Problemas Relacionados com a Saúde (CID), um instrumento mantido e publicado pela Organização Mundial da Saúde (OMS).

Estudos estimam que entre 0,5% e 3% da população mundial seja acometida por transtornos de personalidade antissocial,[11] (e os mesmos levantamentos indi-

---

[10] Maurício Horta. "Psicopatas S.A.: Eles trabalham com você". *Superinteressante*, 26 maio 2011. Disponível em: <https://super.abril.com.br/comportamento/psicopatas-s-a>. Acesso em: 13 ago. 2024.

[11] Marcos Hirata Soares. "Estudos sobre transtornos de personalidade antissocial e borderline", *Acta Paulista de Enfermagem*, v. 23, n. 6, pp. 852-8. Disponível em: <https://www.scielo.br/j/ape/a/dhwbXqWpbLRwCfTPyrt8hMy/#>. Acesso em: 13 ago. 2024.

cam que esse percentual é ainda maior dentro das companhias americanas, podendo chegar a 3,9%.[12]

Isso quer dizer que, se usarmos a mesma proporção para avaliar uma empresa brasileira com mil funcionários, cerca de 39 profissionais podem ser psicopatas. É muita gente!

Mas tenha calma. Antes de olhar para seus colegas de trabalho com certo receio, precisamos dizer que nem todo psicopata é um assassino perverso, iguais àqueles de livros, filmes e seriados, como o dr. Hannibal Lecter, personagem criado por Thomas Harris na obra *O silêncio dos inocentes*, ou Dexter Morgan, anti-herói levado para a TV a partir da adaptação dos romances de Jeff Lindsay.

Apesar de existirem casos tão escabrosos na realidade que até parecem ficção, como o assassinato de um funcionário pelo chefe em 2022 na região metropolitana de Porto Alegre, sob a alegação torpe de o colaborador estar tomando café durante o expediente, eles são, felizmente, a minoria.

Boa parte dos psicopatas corporativos é formada por pessoas com extrema falta de empatia e que não sentem remorso por mentir, puxar o tapete de colegas e até cometer delitos para conquistarem o que almejam.

A habilidade em mascarar seus traços predatórios com qualidades aparentemente desejáveis de liderança, como carisma e persuasão, complica ainda mais a identificação e a gestão desse problema. Isso é exacerbado por uma cultura que, em muitos casos, valoriza e glorifica comportamentos agressivos e dominadores, tipicamente associados ao sucesso empresarial, sem considerar os custos humanos e éticos subjacentes.

De acordo com Katarina Fritzon, uma das autoras do livro *Corporate Psychopathy: Investigating Destructive Personalities in the Workplace* [Psicopatia corporativa: Investigando as personalidades destrutivas no ambiente de trabalho], psico-

---

[12] Janine Cristina de Oliveira e Constance Rezende Bovinci, "Psicopatia no ambiente de trabalho", *Research, Society and Development*, v. 10, n. 15, e383101522788, 2021.

patas corporativos têm capacidade de encantar, manipular e enganar e, por essa razão, muitos líderes psicopatas alcançaram virtual sucesso na carreira.[13]

A pesquisadora considera ainda que alguns dos motivos para o trabalho contraproducente, e até para a sabotagem vindas de profissionais com traços sombrios subclínicos, incluem fatores como ganância, vingança, inveja e busca de poder. Já para psicopatas patológicos o desejo de dominação é mais estimulante, promovendo a autossatisfação independente dos estragos e consequências causados à vida alheia.

Para Anderson Tamborim, autor do livro *Introdução à psicologia de análise de personalidades*,[14] existem três características observáveis em psicopatas e que podem ajudar no diagnóstico e na aplicação de um modelo de avaliação em processos de seleção nas empresas:

- **Ousadia**: Têm essa característica indivíduos munidos de autoconfiança, bons em tolerar o estresse e o perigo. Eles não sentem medo nem se importam com as consequências de seus atos.
- **Desinibição**: Falta às pessoas que têm esse atributo o controle do próprio impulso. Elas apresentam fraco controle e construção de afeto, buscando gratificações instantâneas em vez de desenvolverem um envolvimento duradouro para conquistarem o que buscam.
- **Maldade**: Indivíduos com esse traço fazem uso da crueldade para obter o que desejam. Desprezam relações íntimas, desafiam constantemente a autoridade e exercem uma busca destrutiva da excitação.

---

13 Katarina Fritzon, Nathan Brooks e Simon Croom, *Corporate Psychopathy: Investigating Destructive Personalities in the Workplace*. Cham: Palgrave Macmillan, 2019.

14 Anderson Tamborim, *Introdução à psicologia da análise de personalidade*. São Paulo: UICLAP, 2021.

Recrutadores cientes dessas características podem identificar candidatos psicopatas ao fazer uma análise de linguagem corporal, verificando se ela está condizente com o que é falado, por exemplo, quando o profissional conta um fato triste de sua vida pessoal sem demonstrar nenhuma reação corporal. Outra ação que auxilia nessa detecção é pedir referências de empregos anteriores, dizendo que entrará em contato com antigos colegas e ex-líderes do candidato. Geralmente, o psicopata, que inventou uma trajetória de sucesso, tentará se esquivar de todas as maneiras para evitar que suas mentiras sejam descobertas.

Se existirem graus elevadamente comprovados dessas características, podemos deduzir que estamos diante de um indivíduo com disfunções patológicas e que pode trazer algum risco ao convívio social e corporativo.

Isso porque um psicopata apresenta diferenças consideráveis na amígdala cerebral, área do lobo temporal responsável por processar e regular nossas emoções, tornando-o alheio e indiferente a situações trágicas, como acidentes com muitas mortes, chacina de crianças ou violência contra animais.

Dotado, portanto, de reações muito mais racionais, adivinha quem sobressai quando é necessário fazer demissões em massa, passar por cima de regras para atingir metas e até infringir leis para garantir os objetivos das empresas? Os chefes psicopatas!

É exatamente pela ausência de escrúpulos, atributo considerado muitas vezes pelas companhias como "gana" ou "alta proatividade", que os psicopatas corporativos atingem cargos mais altos em ambientes que estimulam a competição e a concorrência entre colegas.

Um dos exemplos mais conhecidos de psicopatas corporativos é o de Jordan Belfort, um ganancioso homem de negócios que aplicou inúmeros golpes ao sistema financeiro americano nos anos 1980 e que foi brilhantemente interpretado por Leonardo DiCaprio no filme *O lobo de Wall Street*.

Mas não precisamos ir tão longe para encontrar casos de fraudes, subornos e corrupção. Em grandes empresas sediadas no Brasil também foram descobertas manipulações feitas por psicopatas corporativos que prejudicaram e causaram danos relevantes ao mercado.

Quantas gigantes do varejo, de milhas aéreas e de outros ramos não caíram após seus executivos terem confessado malabarismos operacionais, fiscais e contábeis para enganar clientes e investidores? Incontáveis!

Assim como não é incomum encontrarmos profissionais com tendências psicopatas destruindo a saúde mental de seus próprios times para continuar recebendo gordos bônus financeiros ou para ficar mais perto do tão almejado cargo de evidência.

O caso do melhor colega do mundo e os riscos de confiar em um psicopata

Era dezembro e as movimentações de pessoas na empresa estavam sendo anunciadas pela presidência. Graças ao crescimento acima da média que tiveram naquele ano, a direção comunicou a criação de uma nova gerência que daria suporte à área de vendas.

A novidade veio com outra grata surpresa: o RH ajudaria a diretoria comercial na escolha de alguém da própria companhia para assumir os cargos de liderança da área recém-criada.

Cláudia e Eduardo eram opções naturais, ambos tinham tempo de casa, desempenhavam suas funções com comprometimento e entregavam resultados inquestionáveis. Eles eram pares no mesmo setor e disputariam a vaga em segredo. Passariam a ser observados ocultamente, sem saber que estavam participando daquele processo de seleção.

Como colegas, existia harmonia, cumplicidade e algum grau de amizade entre eles. Cláudia gostava de conversar com Eduardo, ele era agradável e estava sempre disposto a ajudar. Eles debatiam sobre melhorias no processo de trabalho e acabavam trocando opiniões sobre algumas coisas que não estavam funcionando e como poderiam ser diferentes.

Muito bem articulado, Eduardo tinha amigos por toda a empresa. Convivia entre os cafés, papeava com pessoas de todos os setores e, claro, com funcionários do RH. Em uma dessas conversas despretensiosas, um colaborador do RH acabou comentando sobre a nova gerência e que Cláudia e Eduardo estavam sendo sondados para a oportunidade.

Imediatamente o encantador e admirável par de Cláudia começou a mexer seus pauzinhos como se nada tivesse acontecido. Continuou a conversar e incitar a colega a falar sobre suas ideias de melhoria, sobre o que ela encontrava de errado em outros setores da empresa e que atrapalhavam o trabalho deles.

Munido de tais informações, Eduardo foi plantando sementes de desconfiança sobre a índole de Cláudia, imprimindo a ela um ar de inimizade e falta de empatia com os desafios e problemas que as demais áreas enfrentavam.

Em seguida, Eduardo passou a gravar as conversas com Cláudia. Sob um falso sentimento de empatia, dizia que a compreendia e sentia o mesmo. Ele a incitava a reclamar daquilo que a colega não gostava na empresa, incluindo aspectos na postura de seu líder e nos caminhos estratégicos equivocados da direção.

Com as "provas" coletadas, Eduardo usou o canal confidencial da organização, criado para denunciar abusos e desvios de conduta na companhia de forma anônima, para enviar partes da conversa com Cláudia como se fossem áudios enviados por ela no WhatsApp.

Apesar de fora de contexto, as gravações foram suficientes para minar o apreço que a liderança tinha por Cláudia, a ponto de demiti-la tempos depois. Sem outras opções viáveis, Eduardo foi convidado a assumir a gerência do novo setor e, pior, com louvor e admiração.

Essa história real mostra que nenhum psicopata (patológico ou subclínico, como no caso de Eduardo) é desagradável, mas sim calculista. Ele espera a oportunidade certa para atuar enquanto ganha a confiança de colegas e líderes ao seu redor.

Dia sim e outro também, vemos exemplos como esse acontecendo por aí, em que psicopatas preparam o bote de forma consciente, enganando suas vítimas e conduzindo-

-as intuitivamente a confessar segredos que depois serão usados contra elas.

É difícil admitir, porém, enquanto as empresas forem coniventes com tais articulações, profissionais éticos e fiéis a seus valores jamais terão êxito contra os psicopatas que os rodeiam.

Modus operandi

Apesar de esse termo estar intimamente ligado ao âmbito criminal, como parte do rol de comportamentos identificados nos famosos *serial killers*, gostaria de debater sobre características análogas em nossa rotina corporativa.

É comum encontrarmos dentro das organizações certos rituais realizados por chefes ruins que, por serem repetitivos e usarem os mesmos mecanismos, se assemelham a tais práticas dos assassinos em série.

Modus operandi, termo em latim que significa modo de operação, também se refere ao método recorrente utilizado por um criminoso serial ao cometer um assassinato. Esse comportamento pode evoluir ao longo do tempo, ganhando contornos mais requintados e que possam contribuir com a redução da probabilidade de esses assassinos cometerem algum erro na abordagem de suas vítimas.

Um dos casos mais emblemáticos de assassinos em série no Brasil é o do Maníaco do Parque, que se passava por fotógrafo para convidar mulheres para um ensaio fotográfico inexistente. A cada nova abordagem ele foi melhorando seu discurso e requintando seu método.

Já na investigação de crimes corporativos, a identificação do modus operandi pode ajudar os investigadores a ligar incidentes diversos ao mesmo autor, ainda que os crimes tenham ocorrido em diferentes áreas da empresa ou em momentos distintos. Isso pode ser especialmente útil em casos complexos envolvendo múltiplas fraudes ou esquemas de longo prazo.

Para Petter Lopes,[15] que também é especialista certificado pela Heritage University em Criminal Profiling, o triângulo da fraude, de Donald R. Cressey, é um modelo que pode enriquecer a compreensão das dinâmicas por trás de fraudes cometidas por profissionais nas empresas, identificando a presença do modus operandi de quem as comete.

O triângulo da fraude é composto por três elementos que, segundo Cressey, devem estar presentes para que ocorra uma fraude: **oportunidade, pressão (ou motivação)** e **racionalização**.

O modus operandi se alinha com a **oportunidade**, sendo influenciada pela posição do indivíduo na empresa, pelo fácil acesso a informações confidenciais ou sistemas financeiros e pela existência ou falta de um controle interno eficaz, delineando assim o método pelo qual o criminoso explora uma brecha ou vulnerabilidade para cometer a fraude.

A **pressão** pode incluir problemas financeiros pessoais, vícios ou a percepção de que é necessário manter certo status social. Já a **racionalização** envolve a justificativa interna que os indivíduos assumem para se convencer de que suas ações são aceitáveis ou justificáveis, dando naturalidade ao que é feito.

Assim, tanto a pressão quanto a racionalização revelam aspectos únicos de sua personalidade ou estado emocional.

Guardadas as devidas proporções entre assassinatos e fraudes corporativas, práticas cruéis e extremamente calculadas também são marcas de muitos psicopatas em cargos de chefia por aí.

Criar rituais periódicos para discutir erros da equipe, expondo e colocando membros do time em situação vexatória, vem sendo um modus operandi bastante utilizado por líderes tóxicos nas organizações. Caso parecido, porém menos teatral, é usar sessões individuais de feedback apenas para criticar e oprimir cada profissional.

---

[15] Petter Anderson Lopes, *Dark Triad: A tríade sombria da personalidade*. São Paulo: UICLAP, 2023.

Acusar colegas, pares e subordinados em canais confidenciais com informações muitas vezes inverídicas para prejudicá-los, espalhar mentiras sobre um ex-colaborador para criar dificuldades em sua recolocação no mercado, fazer chacota das características físicas de colegas e pedir demandas fora do expediente são atitudes comuns de psicopatas corporativos.

4
TIPOS DE CHEFES RUINS E COMO LIDAR COM ELES

Saindo de estereótipos corporativos para compreender padrões reais e nocivos nas empresas

"Chefes ruins sempre gritam e tratam mal seus funcionários", "chefes ruins não gostam de pessoas", "chefes ruins preferem o isolamento", "chefes ruins gostam de bajulação". Todas essas afirmações remetem a um entendimento simplório e pobre sobre as figuras munidas de poder nas organizações. Infantilizar a complexidade humana com classificações vazias e pejorativas apenas atrapalha a construção de uma mentalidade forte e treinada para assimilar situações desafiadoras em nossa vida e na carreira.

Rotular de forma superficial é uma maneira ingênua de encarar as discordâncias do convívio social, principalmente no ambiente corporativo.

No trabalho, onde generalizações nefastas estão presentes e espalhadas por todas as partes, essa rotulagem superficial é muito comum: "mulheres são melhores no RH do que na área de finanças", "homens são menos emotivos e por isso devem tomar decisões difíceis", "jovens são imaturos", "pessoas com mais de quarenta anos não são capazes de aprender coisas novas".

Nada disso faz sentido, mas infelizmente estereótipos continuam sendo usados como insumo no juízo de valor, na seleção de candidatos e na escolha de pessoas para posições estratégicas. Além de povoarem o alto escalão, os estereótipos acabam sendo usados pelos profissionais da operação, que classificam erroneamente seus pares e líderes.

Para os liderados, esses rótulos guiam de forma equivocada seus posicionamentos, por exemplo, o caso da equipe que exclui um colega por acreditar que a proximidade dele com o chefe gerará fofoca sobre o que os dois conversam.

Apesar do uso massivo dessas construções simplistas, a tentativa consciente e profundamente examinada para encontrar padrões tem grande valor no diagnóstico de emoções e comportamentos. Dessa maneira, deixamos de lado os fracos estereótipos para buscar verdadeiros arquétipos.

Carl Gustav Jung determinou como arquétipo um conjunto de padrões universais de comportamentos, símbolos e visões de mundo que nos ajudam a assimilar prontamente o que vemos, por meio de modelos tão conhecidos que já foram absorvidos em nosso inconsciente.

Arquétipos são ideias preconcebidas que geram uma identificação automática quando você pensa ou vê uma pessoa. Dada sua versatilidade, os arquétipos junguianos atravessaram as fronteiras da psicologia analítica e passaram a servir como ferramenta para diversas áreas do conhecimento, da literatura ao marketing, do recrutamento ao *branding*.

Assim, emprestando do conceito de Jung para determinar seus doze arquétipos de personalidade, realizei um exercício visando aglutinar comportamentos e sentimentos que costumeiramente são vistos na liderança tóxica.

Esquivando-os de clichês, busquei consolidar conhecimentos práticos com as teorias apresentadas nas páginas anteriores a fim de construir um novo grupo de arquétipos para facilitar nossa compreensão a respeito desses comportamentos e sentimentos e nos apoiar na montagem de táticas que neutralizem os impactos negativos que os chefes ruins trazem para nosso desenvolvimento profissional.

Antes de apresentá-los, gostaria de reforçar o ponto que debatemos no início deste livro, sobre a classificação maniqueísta de quem é bom ser sempre bom e quem é mau, sempre mau.

Os arquétipos foram criados para a identificação de padrões atitudinais circunstanciais, ou seja, que orbitam as lideranças com certa frequência, porém que não as transformam em pessoas absolutamente más, como os psicopatas corporativos.

Lembre-se de que, apesar de convivermos todos os dias com psicopatas reais, eles são minoria, e isso não significa que seu chefe seja um deles.

O tirano
→ Traço predominante: maquiavelismo

Provavelmente você já tenha convivido com um tirano. Esse arquétipo emblemático é o mais difundido no ambiente corporativo. Na Modernidade o termo "tirania" era atribuído a governantes autoritários que, por terem grande poder, cometiam abusos e opressões, passando por cima das leis para se manterem em tal posição.

No mundo corporativo, os tiranos exercem práticas parecidas com as de ditadores para garantirem que sua vontade prevaleça e seus objetivos sejam atendidos. A supremacia de suas ideias sufoca a equipe, que precisa realizar exatamente o que ele exige.

Agindo com tom ameaçador, o tirano não enxerga valor em nenhum de seus liderados, tratando-os como meros recursos que podem ser trocados de acordo com sua própria vontade ao primeiro sinal de desobediência a seus métodos.

Seu maior objetivo na empresa é se perpetuar no poder ou se munir ainda mais dele, buscando tomar áreas de líderes mais fracos e inseguros, aumentando assim as fronteiras de seu virtual "feudo".

A visão míope e maniqueísta é uma característica dominante dos tiranos, que classificam antagonicamente seus liderados como fiéis ou rebeldes. Os primeiros são aqueles que desempenham funções nobres e garantem a manutenção do tirano no poder, já os demais são caçados agressivamente até a extinção.

Por exercerem essa espécie de liderança bipolar, os tiranos são amados por poucos e odiados por muitos que sofrem com sua arrogância. Só a presença de um tirano na empresa já a torna insalubre, tamanho é o sentimento de intimidação que ele traz com sua postura rígida e ameaçadora.

Modus operandi e comportamentos recorrentes
Como assediadores, tiranos não perdem a oportunidade de diminuir o moral do time, expondo suas fraquezas e rotulando-o de maneira subjetiva e covarde. Aliás, a covardia pode ser vista na forma que lidam com os erros cometidos por seus desafetos, que são agressivamente repreendidos.

Ridicularizar as pessoas, obrigando-as a fazer algo deplorável e degradante mostra que a crueldade se faz presente como método de reforço de autoridade, isso quando não é levada ao extremo com demissões sumárias, sem dar a chance de os funcionários amadurecerem.

Dividir de modo desigual as tarefas da área também é uma prática comum e recorrente de tiranos para forçar aqueles profissionais que ameaçam seu poder a realizar atividades menos importantes, bastante difíceis ou que de alguma forma os coloquem perigosamente diante do fracasso iminente, como quando os colaboradores não têm os instrumentos necessários para realizá-las.

Ademais, ser calculista é um traço predominante nos tiranos, que arquitetam minuciosamente seus passos para alcançarem seus objetivos, armando verdadeiras arapucas a fim de garantir que nenhum concorrente consiga se destacar em seu lugar.

Caso real que representa o arquétipo
Milena trabalhou por três anos em um escritório de contabilidade onde sua função era cadastrar e classificar notas fiscais de clientes no sistema de gestão da empresa. Experiente na área e com um currículo invejável, logo ela chamou atenção de sua líder, clássica representante do arquétipo do tirano.

Em poucos meses e se destacando na posição, Milena foi colocada para ensinar seu trabalho para um pessoa recém-contratada que não contava com a mesma experiência que ela, porém tinha grande amizade com a líder. Milena passou a acompanhar o desenvolvimento da novata, dando-lhe suporte e transferindo conhecimento.

Com o passar do tempo, a tutora passou a levar a culpa por qualquer erro cometido pela aprendiz, como se Milena não estivesse se dedicando o suficiente para que a colega chegasse ao mesmo patamar de excelência que ela.

Buscando uma solução para reduzir os erros cometidos pela novata, Milena introduziu um novo procedimento com a ajuda de um leitor de código de barras capaz de imputar automaticamente alguns dados no sistema que antes eram digitados e que, por isso, geravam alto índice de equívocos e retrabalho.

Porém, logo a chefe exigiu que o processo anterior fosse retomado e que cada nota fiscal devesse ser digitada. O motivo? Provavelmente, ela percebeu que a inovação começara a surtir o efeito desejado e, por pura crueldade, quis impedir que Milena fosse bem-sucedida na tarefa. Tanto que, ao tentar justificar as melhorias buscadas, Milena foi exposta para toda a equipe sendo classificada como rebelde e "respondona".

Retornando a contragosto para o método de trabalho antigo, Milena obviamente voltou a encontrar erros nas tarefas executadas pela aprendiz e de novo foi responsabilizada pelo problema.

Diante da recorrência de ajustes, a chefe se valeu da estranha justificativa de que já tinha dado chances demais para Milena e enviou um e-mail gigantesco para ela, com cópia para a diretoria, falando que o processo que ela conduzia estava trazendo prejuízos para a empresa.

Além da exposição eletrônica, a chefe tirana humilhou Milena na frente de toda a equipe, dizendo que não podia confiar em seu trabalho e aquele era um dos motivos pelos quais ela não lhe daria mais responsabilidades. Assim, Milena ficou condicionada a realizar sozinha a atividade, pois a aprendiz seria agora sua supervisora, já que a gestora inverteu totalmente a posição entre as duas.

O pior de toda essa história real que recebi no LinkedIn de uma seguidora é que a empresa não tinha o costume de mandar ninguém embora para evitar as custas trabalhistas, expondo outra engrenagem nefasta para expurgar profissionais indesejados. Estes são obrigados a conviver com o assédio ou pedir demissão sem ter todos os seus direitos assegurados.

Como lidar
Infelizmente, chefes tiranos buscam a submissão de seus funcionários. Isso inclui o rebaixamento de sua criatividade ou de suas próprias conquistas para alimentar um único ente que pode deter o poder dentro da equipe.

Essa condição é bastante desgastante, coloca em xeque valores morais e éticos do liderado. Acatar as ordens de um tirano pode trazer extrema angústia e insatisfação.

Como dissemos, as posturas desse arquétipo são predominantes e é provável que sua recorrência tenha menos a ver com questões circunstanciais e possam estar incorporadas em seu modus operandi propositalmente.

Caso você precise passar um breve período sendo liderado por um tirano (já que a solução definitiva seria a completa ruptura de contato por meio de um pedido de demissão ou mudança de área), a melhor estratégia é a transferência de crédito: ao ter uma ideia brilhante ou ao realizar um trabalho bem executado, divulgue aquela vitória como se fosse uma conquista compartilhada, como se parte do sucesso só tivesse sido possível pelo apoio (mesmo que nenhum) do líder, fazendo com que a necessidade do chefe tirano de ostentar poder seja saciada.

Veja que cair nas graças do tirano te auxiliará mais adiante, caso seja necessário argumentar e até negar alguma atividade que fira seus valores.

A predisposição do tirano em te ouvir como aliado, e não como inimigo, é vital para agir com mais liberdade sem ser prematuramente rotulado como alguém que confronta os métodos nada ortodoxos da liderança dele.

DICAS PRÁTICAS
- **Não bata de frente**: Muitas vezes você terá razão, mas manter a calma e evitar um confronto para impor suas ideias é fundamental para evitar que um alvo seja colocado em

suas costas. Ao sentir que a situação está saindo do controle, tome você a atitude de se afastar, respirar fundo e não agir emocionalmente, pois, com certeza, o chefe tirano o fará.

- **Mostre-se fechado com as ideias do gestor**: Ter um chefe tirano não significa que todas as ideias dele serão ruins. Quando as boas aparecerem, demonstre que você concorda com elas, que está disposto a ajudá-lo. Assim como você não gostaria de ser rotulado por seu chefe, não o rotule, perdendo o interesse completo pelo que ele diz.
- **Entregue o ouro, mas não espere gratidão**: Para ter um tirano ao seu lado, você precisará abrir mão de um grande reconhecimento. Eu sei que é duro e desmotivador, porém dividir seu sucesso com o chefe trará mais benefícios no futuro do que exigir uma valorização imediata.

O politiqueiro
→ Traço predominante: psicopatia

Bem articulados, charmosos, parceiros incondicionais e amigos para todas as horas. Assim são os chefes regidos por esse arquétipo. Tudo parece funcionar em plena harmonia: um profissional que zela pelas relações interpessoais e que não se indispõe com ninguém, mas no fundo esse gestor esconde teias ardilosas que só são notadas após o bote ter sido aplicado à vítima.

Aqui, não estamos crucificando a existência da política nas empresas, ao contrário. A boa política abre espaço e dá desenvoltura aos profissionais para participarem de reuniões executivas importantes, mostrando suas opiniões e integrando ativamente a tomada de decisão da companhia.

Negociações interpessoais que priorizam os objetivos e as metas corporativas sempre serão mecanismos saudáveis de convivência e no balanceamento da disputa de poder nas organizações.

O grande problema está na politicagem, ato que coloca desejos próprios acima dos da empresa, uma má prática corroborada pela origem espúria de seu significado em dicionário: "Política de interesses pessoais, de troca de favores ou de relações insignificantes".

Quando observamos pela primeira vez esses profissionais, com brilhante desenvoltura social e simpatia, não encontramos nada que os desabone, porém, com o passar do tempo, suas conquistas ilegítimas e geradas por armadilhas corporativas demonstram o perigo que representam.

Perfis sedutores costumam ganhar terreno com discursos amplamente extrovertidos, trazendo grande carga de intimidade para criar uma falsa sensação de empatia com os envolvidos, mas cujo objetivo final sempre será obter alguma vantagem pessoal daquela relação.

Modus operandi e comportamentos recorrentes
Por estarem sempre prontos a ajudar e engajados em diversas frentes na empresa, profissionais nesse arquétipo têm grande acesso a informações confidenciais, discussões estratégicas e momentos de tomada decisão.

Imbuídos em usar tais situações a seu favor, distorcem dados apresentados, mudam opiniões sobre a capacidade de pares usando exemplos reais e assim jogam pessoas umas contra as outras, beneficiando-se do caos.

Se em público esses perfis têm uma atuação digna de prêmio, é nos bastidores que toda a articulação acontece. Individualmente, de maneira calculada, as informações fornecidas pelos politiqueiros soam como uma "mensagem amiga", mas que no fundo planta dúvidas sobre a ética, o comprometimento e até a idoneidade alheia.

Ao alimentar um ambiente caótico, minando a confiança mútua da gestão e investindo em interpretações equivocadas sobre fatos, esse perfil sai ileso de situações de saia justa por manter sua sensatez diante dos problemas de relacionamento dos outros, que foram cultivados por ele próprio, aparentando ser uma figura totalmente "inocente".

A postura altruísta do politiqueiro esconde as reais intenções desse indivíduo de causar desavenças na empresa, atuando onde existam *gaps* de poder e ocupando espaços por parecer a única pessoa neutra capaz de não aumentar os ruídos e as disputas.

Com a equipe o método não é diferente. Criando fofocas e intrigas entre os próprios liderados, esse arquétipo tende a gerar inimizades com conversas sem propósito, dividindo os funcionários para que eles o busquem como único canal de confiança.

Caso real que representa o arquétipo

Caio cresceu meteoricamente dentro da empresa em pouquíssimo tempo. Com apenas dois anos se destacou tanto que recebeu o convite para coordenar uma pequena célula operacional e, logo em seguida, alçou ao posto de gerente de operações.

Junto à ascensão, os desafios interpessoais se multiplicaram e Caio se viu em uma posição complicada de lidar. Precisava negociar com gerentes de outras áreas para evitar um colapso na área de logística que estava sob sua responsabilidade.

A necessidade de amadurecer e compreender as disputas de poder que aconteciam no alto escalão da empresa fez com que Caio se aproximasse do gerente de finanças, cujo tempo de casa e conhecimento eram muito maiores.

Apoiando-se nos conselhos do mais experiente, o novato gerente operacional começou a ganhar confiança e compreendeu como se portar para ser mais bem compreendido em seus anseios e em suas opiniões, recebendo gradativamente o respeito dos outros pares que faziam parte da cúpula da companhia.

Ao longo do tempo, o gerente financeiro, chamado Adalberto, passou a ser como um mentor para Caio, servindo como amigo e confidente das dificuldades encontradas pelo novato nas curvas tortuosas da disputa de poder da empresa.

Acreditando na sinceridade de Adalberto, Caio contou, na base da confiança, que ele desconfiava que o gerente comercial estivesse fazendo pedidos falsos e que, após o fechamento do mês e cumprindo suas metas, os pedidos eram cancelados.

Baseando-se em históricos e dados do sistema de controle logístico, a confidência foi compartilhada contando com a total discrição de Adalberto para que ele pudesse ajudar Caio a resolver o imbróglio sem cometer nenhuma injustiça.

Como sugestão, Adalberto aconselhou que Caio não realizasse o reabastecimento do estoque na quantidade exata solicitada para evitar que o problema recaísse sobre ele, afinal estoque alto era um custo grande para a empresa.

Bastou apenas um novo fechamento de mês para que o problema aparecesse em uma reunião geral das gerências. A diretoria cobrava de Caio os motivos pelo atraso na entrega dos produtos para os clientes. Envolto ao desespero da situação, já que o erro dele foi premeditado, o novato acabou acusando o gerente comercial, dizendo que fizera um teste para comprovar a existência de pedidos fantasmas na operação.

A falta de maturidade de Caio levantou uma densa discussão que resultou em sua demissão pela postura inadequada e posteriormente, com a comprovação da fraude, no desligamento do gerente comercial.

Com parte da equipe defasada, Adalberto foi convidado para assumir uma nova diretoria na empresa criada para acumular as três funções: financeira, operacional e comercial.

Esse exemplo demonstra com clareza a natureza de um politiqueiro: eles nunca se expõem, mas criam situações para manipular outras pessoas.

Como lidar

Politiqueiros apresentam o peculiar modus operandi de buscar sempre os mesmos perfis para manipular. Geralmente suas vítimas são profissionais novatos, inseguros de suas capacidades ou pessoas que procuram parceiros estratégicos que acabam se envolvendo facilmente na lábia da amizade.

Dado todo o encantamento proporcionado por eles, detectar se você está sob a liderança de um politiqueiro talvez seja seu maior desafio.

Analisar com extrema cautela e frieza os laços de confiança atribuídos entre um chefe politiqueiro e seus pares é uma estratégia que pode auxiliar nessa identificação antes que você mesmo seja envolvido nos jogos escusos desse gestor.

 Assim que detectada essa característica, evite ao máximo participar de reuniões que não tratem estritamente sobre suas atribuições. Momentos de descontração escondem, em sua maioria, a tentativa de buscar informações de cunho pessoal do funcionário e de outras pessoas.

 Ficar fora de debates cuja intenção seja escrutinar números e situações internas de áreas alheias é fundamental para não ser usado como reforço de versões distorcidas.

 Não basta demonstrar imparcialidade, veja que sua presença em certas reuniões com essas pessoas pode ser usada como uma espécie de álibi para dar veracidade a uma história contada pelos politiqueiros.

DICAS PRÁTICAS

- **Fique longe de fofocas**: Quanto menos você souber sobre o trabalho e a vida alheia de colegas, pares e outros líderes, melhor. Evite cafezinhos onde essa pauta é recorrente. Como sempre digo: quando a fofoca entra, saia.
- **Documente tudo o que faz**: Para evitar ser manipulado, documente e exponha tudo o que faz no trabalho. E-mails com cópia para todos os envolvidos costumam ajudar a diminuir zonas cinzentas e suspeitas equivocadas ou inexistentes.
- **Tenha aliados externos**: Busque dar ciência sobre seus passos e seu profissionalismo para áreas fora da sua. Ter pessoas com poder dentro da organização que conhecem sua integridade e ética, pode te ajudar a tirá-lo de saias justas quando seu chefe tentar te usar como bucha de canhão.

 Fazer política da empresa te ajuda a crescer como profissional; fazer politicagem só te diminui como pessoa!

O microgerente
→ Traço predominante: psicopatia

Um dos valores mais admirados em uma empresa é a liberdade de atuação de seus profissionais. Essa constatação é corroborada no relatório da Jabra *Hybrid Ways of Working — 2022 Global Report*,¹ que evidencia a importância da autonomia para melhorar significativamente a experiência, a produtividade e a motivação dos funcionários em uma companhia.

A verdade é que ninguém gosta de ser sempre cobrado, em especial quando sabe o que e como o trabalho deve ser feito. A sensação de controle excessivo agride diretamente quem tem plena consciência de suas responsabilidades.

O microgerenciamento, explicado pelo Merriam-Webster's Online Dictionary como "gestão com controle ou atenção excessiva nos detalhes", está presente em muitos níveis de liderança.

Estruturas organizacionais mais verticalizadas privilegiam a atuação da autoridade e do escalonamento de reportes que se repetem desde a base até o topo visando dar segurança de que a empresa está caminhando bem.

Contudo, ficar perguntando a cada dez minutos sobre o andamento de tarefas que têm um prazo previamente combinado, controlar as saídas para o banheiro ou a pausa para o café evidenciam a atuação de um gestor que está microgerenciando a equipe ou um colaborador em particular.

Líderes pressionados por resultados são mais suscetíveis a realizar o microgerenciamento, mas esse arquétipo pode representar um desvio de gestão que envolve a falta de confiança perante os liderados.

O medo da exposição e uma possível rejeição na empresa fazem o microgerente meter os pés pelas mãos, sufocando

---

1 JABRA, *Hybrid Ways of Working — 2022 Global Report*. 2022. Disponível em: <https://www.jabra.com/thought-leadership/hybridwork-2022>. Acesso em: 13 ago. 2024.

a equipe, interrompendo as atividades constantemente ou exigindo um nível desnecessário de informações.

Modus operandi e comportamentos recorrentes
Ficar horas observando a tela dos funcionários, exigir extensos relatórios para detalhar simples tarefas e cronometrar funções que demandam reflexão e criatividade são exemplos claros de microgerenciamento, pois tiram dos liderados a liberdade de gerenciar o próprio tempo.

Por mais motivador que seja trabalhar em uma organização com propósito forte e um conjunto robusto de crenças e valores, equipes mal geridas por chefes microgerentes vivem em uma realidade paralela do restante da companhia. Funcionários presos nesses feudos de rotina sufocante de controle também sofrem com um sistema punitivo desbalanceado.

Quando a checagem é exagerada, com diversos pontos de avaliação, é comum que o método de feedback se ampare não apenas na entrega final de um resultado, mas nos percalços enfrentados a cada movimento da equipe para chegar a seus objetivos.

A busca incessante por saber tudo o que acontece faz chefes regidos por esse arquétipo punirem pequenos erros que não prejudicariam a entrega ou ainda que pudessem ser naturalmente corrigidos ao longo do trabalho com a detecção do próprio time.

Aliás, a preocupação com o tempo tem forte domínio no modus operandi de microgerentes. Apesar de muitas tarefas não terem sua eficácia ou eficiência baseadas no microgerenciamento, a preocupação demasiada com o tempo gasto em cada etapa do trabalho não faz aumentar a produtividade, ao contrário, estabelece tantas paradas que tira a concentração do time, prejudicando a conclusão do que estão desenvolvendo.

Caso real que representa o arquétipo
Depois de anos namorando a empresa de seus sonhos, Carla finalmente passou em uma seleção para assumir um cargo de coordenação. Ela se preparou, ganhou experiência e participou de grandes projetos que a habilitaram a ocupar uma

posição altamente concorrida e de destaque daquela montadora de veículos famosa.

Carla havia deixado seu emprego em uma empresa menor, mas muito acolhedora, onde ela se sentia em casa e tinha total liberdade para conduzir seu trabalho. Imaginou que na nova oportunidade fosse encontrar o mesmo ambiente. Apesar da pressão e das cobranças inerentes a uma multinacional, ela estava preparada para o desafio e daria seu melhor para crescer ali.

Após o longo e detalhado processo de *onboarding*, Carla foi alocada na gerência de novos projetos sob a liderança de um gestor também novato na organização e que vinha de outro ramo.

Não demorou muito para que a nova coordenadora sentisse uma diferença gritante em sua atuação devido à imensa burocracia criada por seu gerente para controlar a equipe.

A autonomia, tão valorizada por Carla, foi drasticamente reduzida, e a cada reunião de departamento ou com clientes ou no desenvolvimento de cada slide de apresentação, ali estava o gerente, querendo detalhes do que ela fazia.

Nenhuma de suas tarefas poderia ser iniciada sem antes ser autorizada por seu gestor, causando uma enorme dificuldade de dar fluidez em um trabalho no qual ela tinha experiência para tocar com facilidade.

Foram meses tentando assimilar o novo método de gestão ao qual ela estava presa. Carla buscou apoio do RH e, sem obter ajuda, compreendeu que aquele era o método que imperava em toda a empresa e aos poucos passou a ser reativa em sua atuação.

Desmotivada a cada pedido descabido de seu gerente, Carla perdeu o entusiasmo e a vontade de contribuir. Seus resultados, antes espetaculares, tiveram uma queda vertiginosa e sua saúde mental foi abalada.

Depois de receber um ultimato do microgerente, que percebeu sua performance desabar, ela tomou a decisão de jogar a toalha e abandonou seu maior sonho profissional ao pedir demissão.

Como lidar

Microgerentes são movidos pelo impulso, e é nesse senso de urgência exacerbado de cobranças repetitivas que sua atuação foca.

Parece contraintuitivo, mas não é o ato de suprir os pedidos do microgerente com o máximo de detalhes que o deixará menos ansioso. A rotina de cobrança precisa ser quebrada com a criação de uma noção de saciedade antes que a ânsia de perguntar volte à tona.

O gatilho mental dos chefes microgerentes reside na sensação (muitas vezes equivocada) de estar perdendo o controle. É uma espécie de FOMO *(Fear of Missing Out)*[2] referente à própria área que coordena, e por isso o estresse causado pela ansiedade é descarregado em forma de cobrança na equipe.

O maior medo desse tipo de gestor é que algo importante aconteça e ele fique em uma saia justa por não ter conhecimento prévio, e, por maior que ocorra o detalhamento do status das entregas, isso não é suficiente para reduzir sua ansiedade.

Profissionais que precisam de maior autonomia, liberdade e principalmente foco para trabalhar em suas demandas precisam criar uma estratégia de antecipação, formando uma espécie de bombardeio periódico de informações que acalente a pressão exercida pelo microgerente antes mesmo de ele interrompê-los.

Ao ganhar confiança de que a todo momento está sendo munido de tudo o que precisa (mesmo que não tenha o mesmo nível de detalhe que ele gostaria), o chefe microgerente passará a deixar o profissional mais livre, tendo certeza de que o liderado não o deixará às cegas.

Com o passar do tempo, será possível calibrar a periodicidade e o nível operacional das informações prestadas,

---

[2] É um medo de não conseguir acompanhar atualizações ou eventos, compelindo a pessoa a manter-se em estado de alerta e conectado o tempo todo. (N.E.)

estabelecendo uma relação tão sólida de confiança a ponto de o gestor não ficar abalado com tais ajustes.

DICAS PRÁTICAS
- **Inunde a caixa de entrada de seu chefe com informação**: Coloque em sua agenda como prática recorrente o envio de e-mails periódicos com detalhes de suas atividades. Essa é uma artimanha psicológica. Não quer dizer que o gestor lerá todos esses e-mails, porém vai se sentir satisfeito por você não estar "escondendo" nada dele.
- **Assuma sempre a iniciativa**: Seja o primeiro a falar, não aguarde que a ansiedade do microgerente te tire do foco. Faça pausas estrategicamente calculadas em sua rotina de trabalho para lhe passar informações.
- **Detecte quais demandas geram maior ansiedade**: Sempre que possível, antecipe as entregas que possam ser as mais desgastantes e que impactam mais a ansiedade do microgerente. Como o microgerente não sabe priorizar, faça isso por ele.

O omisso-permissivo
→ Traço predominante: narcisismo

Se microgerentes sufocam a equipe, tolhendo sua autonomia, o arquétipo omisso-permissivo tem práticas completamente antagônicas, porém tão prejudiciais quanto.

Chefes omisso-permissivos costumam não encontrar um bom equilíbrio entre os limites dos afazeres e a amizade com o time. Como falamos antes, o problema não é criar relações fora do trabalho para melhorar a confiança mútua, mas saber diferenciar os momentos de seriedade e os de descontração.

Assim como a diferença entre o remédio e o veneno está na dose, o excesso de liberdade, confundida com autonomia, provoca uma distorção na visão do time, que pode se sentir empoderado, mas também sem uma direção clara sobre o que deve ser feito.

"DeLargar" em vez de delegar o trabalho ao time, sem orientação e abertura para a resolução de dúvidas, não demonstra a confiança que o líder tem em seus liderados, e sim a indiferença que sente em relação a eles, ignorando seus *gaps*, medos e, muitas vezes, inexperiência.

Da mesma maneira que não existe uma condução estruturada na distribuição de atividades, os chefes omisso-permissivos não se comprometem com o desenvolvimento da equipe, acreditando que todos apresentam grau de senioridade suficiente para tocar suas atividades.

Se profissionais maduros são prejudicados com a prática do microgerenciamento, colaboradores que não sabem lidar com a liberdade que lhes é concedida acabam procrastinando ou distribuindo mal seu tempo.

Nessas situações, o acompanhamento contínuo do gestor é fundamental. Demonstrar aos subordinados o impacto de suas tarefas na organização, ensinar a priorizar, dar direcionamento e, principalmente, checar a qualidade do trabalho são responsabilidades de um bom líder, que se preocupa com transmitir aos novatos a importância e o valor da autonomia.

Modus operandi e comportamentos recorrentes

Por não acompanharem de modo contínuo o time e a operação, os chefes omisso-permissivos se alienam e ficam completamente alheios ao que acontece na empresa e dentro de sua própria área.

Omissos, nunca sabem de nada e sempre pedem para pares e funcionários de outros setores resolverem demandas com seu "braço direito", tirando de si possíveis pressões por entregas.

Virando uma espécie de turista que aparece apenas para dar bom-dia e boa-tarde no fim do expediente, esses gestores fingem estar totalmente ocupados com algo muito importante e por isso terceirizam a responsabilidade de gestão para o próprio time. De forma desestruturada e sem delimitar maneiras de resolução interna de conflitos, chefes omisso-permissivos deixam "cada um por si" e, pior, divergindo sobre o que fazer.

Essa terceirização também é acompanhada pela transferência da culpa quando algo dá errado. Nesses casos, esses gestores chamarão seus subordinados de traidores por terem usado de modo ruim a liberdade que ele lhes deu. Invertendo a lógica, os omisso-permissivos se passarão por vítimas ao dizer que a equipe deveria tê-los avisado de um problema iminente.

A falta de feedback é outra consequência desse excesso de liberdade. Sem interesse em acompanhar a evolução do time, chefes omisso-permissivos ignoram a necessidade de conversar com seus liderados, de conhecer suas dificuldades e de propor planos de desenvolvimento individuais (PDIs). Jogando a equipe à própria sorte, esses chefes sobrecarregam os liderados, provocando o sentimento de abandono.

Caso real que representa o arquétipo
Paulo tinha acabado de se formar em direito. Após passar no exame da OAB, foi contratado por um dos maiores escritórios jurídicos do Rio de Janeiro. Lotado na divisão de audiências, o recém-advogado, assim como seus colegas de área, tinha tarefas com prazos preestabelecidos em atos processuais.

Sua incumbência era escrever peças jurídicas para apresentá-las dentro das datas finais sob pena de levar algum cliente a perder uma disputa judicial por falta de cumprimento de prazos legais.

Gustavo, o chefe de Paulo e um renomado advogado da área cível e sócio do escritório, tinha outros afazeres, como representar a empresa em formalidades, eventos e entrevistas. Seu tempo era escasso e por isso deixava a equipe com o máximo de liberdade possível.

Despreocupado em apoiar o time e conhecer as demandas oriundas do setor que estava prestes a desmoronar pelo alto fluxo de trabalho, Gustavo, gestor omisso-permissivo, sempre arrumava uma desculpa para não se reunir com seus liderados e apenas alertava um ou outro da equipe de que ficar atento aos prazos era a prioridade. Aquela seria a única orientação crucial para o negócio continuar rodando bem. Com o fluxo de trabalho crescente, graças ao movimento de marketing realizado pela direção que garantia a chegada de novos clientes, Paulo e seus pares se viram soterrados em uma enxurrada de processos a coordenar.

Sem contato direto e interesse de Gustavo, a equipe se reuniu tentando encontrar uma solução para o colapso iminente. Graças a uma ideia de um funcionário antigo de casa, eles decidiram que o ideal seria padronizar os textos de defesa para protocolarem tudo o que fosse necessário dentro do prazo legal, afinal aquela era a única preocupação externada pela liderança. Com o novo modelo de trabalho, os advogados conseguiram dar vazão nas atividades que se acumularam em semanas, cumprindo a principal meta estabelecida.

Tempos depois, inúmeros processos foram sendo perdidos por não estarem em conformidade com o que era exigido nas peças de defesa. Totalmente desconexos aos autos, apesar de terem sido entregues até antes do prazo exigido, os textos apresentados prejudicaram o desenrolar das etapas seguintes, fazendo muitos clientes perderem causas ganhas e sofrerem com indenizações e pagamentos completamente contornáveis pelo escritório jurídico se o trabalho tivesse sido feito de modo correto.

Diante de tantas falhas, muitos clientes processaram a empresa, pedindo reparações pelo descaso. Pressionado por respostas, Gustavo não hesitou em colocar a culpa em seus liderados por tomarem tal decisão sem sua ciência. Buscando dar uma resposta aos clientes insatisfeitos, ele demitiu todos os funcionários.

Como lidar
Chefes omisso-permissivos têm dificuldade (e até preguiça) de se envolverem em problemas que julgam "menores". Estar ao lado do time, oferecer suporte ou compreender em detalhes o que acontece em sua própria área acaba parecendo um fardo em que a única saída é ficar alheio ao que acontece.

Tentar estabelecer uma agenda periódica, mesmo de pouco tempo, mas que tenha uma pauta crível e importante, é crucial para criar com seu chefe omisso-permissivo um canal que não se banalizará facilmente.

Ter uma recorrência de reportes saudável que não fique esvaziada por falta de assunto tampouco urgente demais a ponto de inviabilizar correções é o que determinará o sucesso na comunicação com líderes permissivos.

Lidar com esse arquétipo ainda exige certa maturidade no discernimento das relevâncias de cada problema identificado. É necessário cautela na hora de expor eventuais problemas fora das pautas preestabelecidas para que o time não perca o interesse do gestor omisso-permissivo em escutá-lo.

Ao levar para esse tipo de gestor problemas muito pequenos e plenamente contornáveis pela própria equipe, o liderado transmite a impressão de que tudo o que vir a comunicar posteriormente também será algo de menor importância, distanciando o chefe que não quer "perder" tempo se preocupando à toa. Essa falta de sintonia sobre o que é urgente nas visões do liderado e da liderança impedirá que a comunicação direta seja frequente, já que o líder não terá mais interesse em ouvir o funcionário.

DICAS PRÁTICAS

- **Assuma sua própria agenda**: Acredite, com esse tipo de chefe você estará sozinho e não terá apoio para se desenvolver. Após assimilar essa dura verdade, trabalhe para ter uma organização impecável de sua agenda e de suas tarefas. Você precisará assumir riscos e realizar suas próprias negociações se realmente quiser entregar valor para a empresa.
- **Incentive seus colegas a fazer o mesmo**: Você não será o único na equipe à deriva. Muitos (se não todos) também terão dificuldades de planejar e desenvolver suas atividades. Unir-se para trocar experiências e se ajudar pode ser uma maneira de manter todos vocês engajados com o propósito da empresa, ainda que negligenciados e esquecidos pela liderança.

- **Mantenha um resumo periódico do que aconteceu:** A postura desse tipo de chefe é não ser "incomodado" com assuntos de menor importância, mas isso não significa que você não deve alertá-lo. Seja por e-mail, planilha compartilhada, seja por outro meio assíncrono (em que ele pode acessar quando quiser), documente todos os pontos que julgue importantes, porém deixe a interpretação por conta do gestor. Assim, ele não poderá afirmar que não foi avisado com antecedência.

O guardião da verdade
→ Traço predominante: maquiavelismo

Um dos maiores equívocos no mundo corporativo é permitir a criação de heróis. Empresas que sofrem com a falta de liderança tendem a aguardar que naturalmente surja alguém para tirá-las da situação difícil.

Depois que esse herói aparece e resolve um problema, é normal que a direção que acabou sendo salva por ele passe a idolatrá-lo como um salvador da pátria, dando-lhe poder e liberdade para fazer o que desejar.

Com o reforço positivo e acreditando ser infalível, vimos profissionais muito bons terem o ego inflado com um excesso de autoridade que lhes garante plena atenção, mesmo para assuntos nos quais ele não é especialista.

Quando um desses "salvadores da pátria" têm o perfil de guardião da verdade, ou seja, apresentam arrogância e ignorância sobre sua própria capacidade, a empresa ganha um chefe autoritário.

Diferentemente do tirano, que busca se manter na posição de poder a qualquer custo, o guardião concentra seus esforços para demonstrar que apenas ele é detentor da verdade e é nela que seu poder está depositado, não em seu cargo.

Como dono da verdade, esse arquétipo tem uma postura reativa quando ideias ou informações importantes são dadas por outros, principalmente por seus desafetos.

Modus operandi e comportamentos recorrentes
Desqualificar a ideia alheia, repetir sempre a frase "eu sei o que estou falando" ou ainda ignorar a opinião de funcionários, pares e até de superiores são clássicos comportamentos desse perfil.

O orgulho e o egocentrismo dos guardiões da verdade minam suas relações interpessoais, pois seu senso de superioridade não suporta a possibilidade de existir outro tão bom ou melhor que eles.

A arrogância em particular deslumbra os chefes regidos pelo arquétipo do guardião da verdade a ponto de não se importarem com os riscos que trazem para a empresa, focando apenas na manutenção de suas ideias.

Como um grande centralizador, esse gestor traz tudo pronto e mastigado para reuniões de debate e, se precisa ouvir o que os outros têm a dizer, reage com antipatia e impaciência. É por isso que a equipe acaba se calando na maioria das situações, passando a mera executora das vontades do líder.

Dada a extrema convicção de que seus atos darão certo, ao se ver diante de um potencial fracasso de uma ideia alheia, o chefe atacará terceiros como se estes não tivessem tido competência para fazer o que ele ordenou da forma correta.

Assim, o guardião da verdade volta ao centro das atenções para agir. Agora, como o único herói possível para corrigir tais equívocos, recusando-se a admitir que o problema estava em sua própria concepção, ele toma para si a coordenação das ações tirando a autoridade de pares, expondo-os como sendo os reais incompetentes.

Caso real que representa o arquétipo
Patrícia conhecia tudo da instituição onde trabalhava. Formada em publicidade e propaganda, ela se tornou analista de marketing na faculdade em que estudou.

Pela experiência que teve ao longo dos quatro anos de curso, virou uma voz ativa em projetos de comunicação, peças publicitárias e ajudava em diversos lançamentos, como em cursos novos e vestibulares.

O gerente da área, a quem Patrícia respondia, tinha chegado à empresa havia pouco tempo sob o status de grande executivo em função de ter passado por diversas empresas famosas no Distrito Federal.

O primeiro desafio que envolveu ambos os profissionais foi a campanha de vestibular do ano seguinte, em que precisavam criar um slogan que chamasse atenção dos egressos do ensino médio sobre a qualidade dos cursos da faculdade perante o MEC.

Patrícia, com todo o seu histórico e conexão com a marca, começou a esboçar opções que pudessem trazer o senso de pertencimento e ser veiculadas em todos os canais e mídias.

Paralelamente, o gerente construiu com a equipe de arte toda a campanha para o dia da apresentação junto à direção. Sem se preocupar em conhecer minimamente seus liderados, ele não sabia de todo o apreço que Patrícia tinha na empresa, logo, não se opôs que ela participasse, pois achava que a analista seria uma mera coadjuvante na reunião.

Na data prevista, a sala da reitoria da faculdade reuniu líderes de todos os setores para debaterem o lançamento do próximo processo seletivo. Como praxe, o gerente de marketing tomou a dianteira e surpreendendo aos presentes, apresentando em detalhes peças com fotos de alunos, vídeos para televisão e todo o enxoval da campanha.

Apesar de impressionados com a proatividade do novo gestor da área, a reitoria tinha como método abrir espaço para que todos expusessem opiniões e ideias. O modelo da reunião obviamente desagradou o gerente que buscava uma aceitação imediata de sua proposta, o que evidenciaria sua capacidade de criação.

Ao longo dos minutos, o guardião da verdade teve que observar (revirando os olhos) as ideias que ele julgava ruins e inapropriadas porque alterariam seu trabalho, como se não fosse perfeito o suficiente para ser aprovado.

No debate saudável e democrático proposto, Patrícia levantou a mão e trouxe para a mesa algumas de suas ideias que estavam anotadas em um caderno. Com brilhantismo explicou o conceito por trás de um slogan que havia criado, argumentando como ele poderia ser usado não apenas no vestibular, mas como reforço de marca em campanhas institucionais.

Eufóricos com a simplicidade e a capacidade empática de Patrícia em traduzir o que todos desejavam, os diretores e gerentes começaram a imaginar as possibilidades de utilização e como a ideia de Patrícia e a do novo gerente, combinadas, seriam fantásticas. Mas não era isso que o gestor queria.

Pensando estar sendo ofuscado por Patrícia, logo, o guardião da verdade arrumou inúmeros defeitos no trabalho da analista a ponto de dizer que ela não caberia em seu time. Em pouco tempo, o gerente foi minando a confiança que todos tinham em Patrícia, tomando para si todas as ideias dela e a dispensando.

Como lidar
Guardiões da verdade não gostam de ser ofuscados, tampouco que suas ideias sejam rebaixadas, mesmo não sendo tão incríveis como eles imaginam. Lidar com pessoas desse arquétipo é estar constantemente pisando em ovos para não ferir o ego delas.

Assim como em todos os outros arquétipos, não é saudável nem justo ter que passar por situações de desprezo e desconfiança como as proporcionadas por chefes arrogantes, mas, se não for possível uma mudança imediata, o ideal é garantir que você tenha o máximo de suporte externo que corrobore seu valor e crie uma espécie de blindagem contra suas desqualificações.

Casos como o de Patrícia acontecem diariamente, pois os guardiões da verdade são um dos tipos mais comuns no mundo corporativo, dividindo o pódio com os tiranos. No caso dela, mesmo com toda a sua conexão com a empresa, ela não teve força política suficiente para evitar a própria demissão, e é essa a consequência na maioria das vezes quando não conseguimos impor nossos valores.

A pergunta é: como ser fiel a nossas convicções sem gerar a ira de um líder incrivelmente egocêntrico? Muitos caem na armadilha de se transformarem em bajuladores, sendo totalmente submissos e depreciando a própria carreira.

Isso não quer dizer que se impor é entrar em um confronto direto para proteger seu ponto de vista, mas ter a perspicácia de compreender como a mente do arrogante funciona, para deixá-lo acreditar que venceu aquele debate, mesmo tendo a razão.

O chefe com esse perfil não descansará até conseguir que todos concordem que ele é o dono da verdade. Causará discórdia e impedirá o debate saudável, desqualificando qualquer ideia que sobressaia à dele.

A atitude de não tentar competir, de não "bater de frente" ao impor sua ideia como superior à desses gestores, fará com que você consiga pacificar a discussão. Isso não quer dizer que você concorda com o ponto de vista imposto pelo chefe, mas aceitá-lo momentaneamente trará mais tranquilidade para debater o que importa: como colocar sua própria ideia em prática.

No exemplo de Patrícia, ela poderia ter evitado a exposição do gerente em uma reunião com pessoas do alto escalão, deixando para costurar suas ideias em momentos mais íntimos, ajustando o que foi aprovado em negociações menores, sem tirar a percepção de vitória de seu líder. Nesse momento mais operacional, em que muitas vezes o guardião da verdade não estará presente, será possível sugerir melhorias e apresentar um projeto seu para a empresa, sem que o chefe arrogante perceba que tais mudanças anularam completamente a ideia dele.

DICAS PRÁTICAS
- **Não discorde em público**: Chefes egocêntricos odeiam que suas ideias sejam criticadas e seus métodos, questionados. Esse é o maior erro que um funcionário pode cometer. Não se trata de ser submisso, mas de ter inteligência emocional (que esse gestor não possui) para identificar os melhores momentos para fazer suas ponderações. Por exemplo, em reuniões individuais com ele, nas quais você escolherá suas palavras com cautela para não gerar erros de interpretação dele sobre suas intenções.
- **Busque mediação externa**: Em vez de se expor, tente encontrar profissionais de outros departamentos que concor-

dem com seu ponto de vista e que tenham poder suficiente para negociar de igual para igual com seu chefe, evitando que você seja tachado de forma errada como rebelde ou petulante.
- **Não explore os erros de seu gestor**: Eu sei como é difícil se manter sereno após ter alertado diversas vezes que algo daria errado. A gente precisa se segurar para não dizer "eu avisei", mas isso apenas deixaria esse tipo de chefe com mais raiva de sua astúcia. Todo revés para um guardião da verdade é visto como o fim de sua carreira, e ele precisa de tempo para assimilar o baque. O melhor a fazer é manter distância.

 A sabedoria de um líder está em compreender quando aparecer e não "se aparecer".

O multiplicador de ansiedade
→ Traço predominante: narcisismo

A ansiedade é, na maioria das vezes, uma das causas do microgerenciamento, mas nem todo chefe ansioso se vale dessa estratégia. Criar um ambiente de alta pressão, sem se atentar a um trabalho feito com esmero, é o que define esse arquétipo.

Frases como "isso é para ontem!" ou "avisem em casa que vocês só sairão daqui quando acabarem essa tarefa!" demonstram a total falta de planejamento e a inserção de uma pressão na equipe que nem sempre precisaria existir.

O problema é que líderes do arquétipo multiplicador de ansiedade confundem agilidade com urgência e acabam desestruturando a rotina de trabalho preestabelecida ao colocar pilha nos funcionários.

Sem compreender e principalmente negociar prioridades com pares e a alta direção, eles transformam o ambiente em uma bagunça, como se toda demanda fosse um grande incêndio a ser apagado.

A falta de um planejamento crível e bem elaborado é uma das origens para que o gatilho do ansioso seja acionado. A qualquer possibilidade de perder um prazo, esse gestor fica sem equilíbrio emocional, metendo os pés pelas mãos e transferindo o sentimento de urgência para o time em vez de protegê-lo.

Quando a insegurança bate, o chefe multiplicador de ansiedade não consegue mais gerir de forma pragmática nem seu tempo nem o da equipe. Desestabilizado, inicia um processo de pressão e ameaça aos colaboradores, já prevendo as consequências do que pode acontecer se eles não conseguirem realizar a entrega.

Com a capacidade de raciocínio afetada, o líder não conseguirá distinguir o que é prioridade, colocando atividades menores no mesmo balaio das entregas realmente importantes, inundando o time de tarefas "para ontem" que poderiam ter prazos maiores.

Classificando de modo equivocado todas as tarefas com o mesmo grau de urgência, fica humanamente impossível para qualquer time entregar a enxurrada de pedidos no período normal de expediente.

Modus operandi e comportamentos recorrentes
A pressão exercida por um chefe ao time geralmente nasce da mesma cobrança recebida da alta direção a ele. Líderes que têm inteligência emocional e conhecimento de sua operação sabem negociar com seus superiores prazos factíveis para suas demandas, argumentando prós e contras do que é possível ou não fazer, equilibrando a velocidade necessária para a empresa não perder negócios à capacidade de produção da equipe.

Dessa forma, esses líderes conseguem blindar a equipe de atividades desproporcionais, negociando para que a pressão vinda de cima não afete diretamente seus subordinados.

Os multiplicadores de ansiedade não possuem essa competência e se tornam uma espécie de fio condutor das cobranças do alto escalão, criando um efeito avalanche, em que a bola de neve vai crescendo à medida que desce para os liderados.

Na busca descompensada para trazer velocidade às entregas do time, esses chefes promovem mudanças e iniciam cortes em fluxos e processos que podem vir a infringir regras e políticas da empresa — e até do mercado.

É em situações como essas, de extrema ansiedade, que o padrão de qualidade cai e acidentes podem acontecer. Imagine, por exemplo, um chefe multiplicador de ansiedade no ramo da aviação. Sendo pressionado para não atrasar voos, o responsável pelo setor mecânico insinua para a equipe que alguns itens de checagem de segurança devam ser deixados de lado para que possam liberar o avião para o próximo voo dentro do prazo necessário.

Ou pense em um chefe de manutenção de um parque de diversões que não tem tempo hábil para revisar os brinquedos porque a atração não pode ficar parada. Dá medo, certo?

Por fim, uma consequência destrutiva que esse método coercitivo traz, independentemente do setor em que a empresa atua: a exaustão emocional da equipe. A síndrome de burnout é a terrível e derradeira explosão física e mental de um profissional constantemente massacrado pela ansiedade de seu chefe.

Caso real que representa o arquétipo
Recém-chegada ao posto de coordenadora de produção, Janete era uma analista acolhedora que conhecia muito bem a empresa e sua nova equipe.

Suas entregas impecáveis e a desenvoltura para conduzir suas tarefas, auxiliando os pares a fazerem o mesmo foram pontos determinantes para a gerência acreditar em seu potencial e convidá-la para esse novo desafio.

Ainda se desenvolvendo e amadurecendo como líder, Janete começou na nova posição com os mesmos valores e crenças de antes, ajudando o time onde fosse necessário, distribuindo tarefas e tirando dúvidas.

Porém, a nova coordenadora não contava com o método de trabalho do gerente acima dela, e só depois de ter aceitado o desafio que compreendeu a saída repentina de sua antiga líder, que era quem ocupava antes aquele cargo.

A pressão e a ansiedade do gerente atrapalhavam Janete a desenvolver uma agenda planejada de entregas. Todos os pedidos que caíam em sua mesa eram tratados como prioritários e deveriam ser atendidos com urgência.

Tentando blindar sua equipe, Janete canalizou todo o ímpeto que vinha de cima, buscando contornar sozinha a situação para não sobrecarregar seus analistas.

Mesmo insustentável, ela manteve por meses aquela estratégia de proteção, pegando muitas vezes tarefas para fazer em casa após o expediente, pois sabia que o time não teria força de trabalho suficiente para terminar as demandas no prazo estipulado pelo gerente.

Com o tempo, Janete começou a ter crises de ansiedade. Os novos pedidos, a desorganização e a forma de trabalho a transformou em uma "bombeira", fazendo-a correr de um lado para o outro para apagar incêndios e assimilar os apelos do chefe.

Depois disso, Janete desenvolveu síndrome do pânico e sempre sentia medo quando era chamada na sala do gerente. Com a saúde mental em frangalhos, a coordenadora passou mal na empresa e teve que ser compulsoriamente afastada por tempo indeterminado.

Em seu retorno, Janete continuou apática e não conseguia mais trabalhar na presença do gerente, que trazia novamente à tona a ansiedade que ela desenvolvera. No fim, a ótima funcionária pediu demissão, pois não aguentava mais passar por aquela situação.

Como lidar

É comum que chefes multiplicadores de ansiedade também sofram do mesmo mal. A matéria-prima para aumentarem a tensão e transferirem toda a carga emocional que sentem está dentro deles mesmos. Dessa forma, esses gestores não apenas transmitem sua própria ansiedade como a amplificam, debilitando a equipe rapidamente.

A princípio é importante dizer que apresentar níveis anormais de ansiedade pode caracterizar uma doença. O transtorno de ansiedade generalizada (TAG), por exemplo, é um tipo mais comum e frequente no ambiente de trabalho em função da apreensão excessiva com o futuro e com os prazos das entregas. Esse transtorno precisa ser diagnosticado e tratado por um especialista.

Desde 2017, segundo a OMS, o Brasil figura entre os países mais ansiosos do mundo, e em 2023 esse índice foi atualizado em pesquisa realizada pelo Covitel (Inquérito Telefônico de Fatores de Risco para Doenças Crônicas Não Transmissíveis em Tempos de Pandemia), que apurou que quase 27% dos brasileiros tiveram diagnóstico médico de ansiedade.[3]

Então, precisamos ter empatia e tentar compreender se nosso chefe sofre de alguma doença relacionada à ansiedade. É bem provável que a liderança ansiosa de seu gestor seja influenciada por um distúrbio involuntário dele.

Dado o contexto e nos restringindo aqui aos casos de chefes multiplicadores de ansiedade que usam métodos de pressão para criar de maneira premeditada um senso de urgência exagerado na equipe, analisaremos como é possível conviver (por mais breve que seja) com eles.

Colocar-se à disposição para criar um planejamento pode ser o primeiro passo para conseguir reestabelecer o ritmo não apenas de seu trabalho, mas de toda a equipe. Dada sua importância, essa atividade de priorização e gerenciamento poderia ser assumida por um liderado mais experiente, para que a ansiedade que paralisa e impede o gestor de raciocinar os próximos passos não impacte diretamente o funcionamento do time.

Sendo o ato de descumprir um combinado o maior receio de um chefe multiplicador de ansiedade, assumir o papel de repactuar certas datas sem expô-lo também pode ser uma excelente oportunidade de apaziguar a situação e

---

[3] Pedro Curi Hallal et al. "Inquérito Telefônico de Fatores de Risco para Doenças Crônicas Não Transmissíveis em Tempos de Pandemia (Covitel): Aspectos metodológicos", *Cadernos de Saúde Pública*, v. 39, n. 9, e00248922, 25 set. 2023. Disponível em: <https://scielosp.org/article/csp/2023.v39n9/e00248922/#>. Acesso em: 25 ago. 2024.

ainda se destacar. Falar abertamente que você irá ajudá-lo pode reduzir a tensão e o receio da exposição. Mapear a importância de cada tarefa e se oferecer para ser o porta-voz de possíveis renegociações de prazo em nome da área é uma tarefa desafiadora, mas que pode gerar muitos frutos. Uma estratégia que, infelizmente, Janete não conseguiu desenvolver, o que acabou levando-a rumo à maior armadilha criada por esse arquétipo: cair na pilha a fim de demonstrar que consegue fazer mais do que suas capacidades física e mental podem suportar.

DICAS PRÁTICAS
- **Cuide de sua própria saúde mental**: Para contribuir, você precisa estar emocionalmente blindado da ansiedade à qual estará exposto diariamente. Manter o equilíbrio diante de um ambiente inseguro e cheio de cobranças exageradas é o primeiro passo para não ser levado pela ansiedade alheia.
- **Assuma planejamentos e negociações paralisados**: Chefes multiplicadores de ansiedade perdem a capacidade de organização e, mesmo perdidos nas demandas, não se sentirão ameaçados se você sugerir apoiá-los nessa tarefa. Sugira um possível cronograma para a equipe, com datas factíveis. Essa atitude pode ajudar a diminuir a angústia de sua liderança.
- **Alerte sobre a saúde mental de seu chefe a áreas de apoio**: O RH e a CIPA podem e devem ajudar. Quadros de ansiedade são prejudiciais à saúde, e buscar apoio para quem está sofrendo e não consegue se autorregular é uma atitude empática. A ideia não é expor seu líder como se ele fosse culpado da situação, mas compreender que esse indivíduo precisa de apoio externo e profissional.

O gladiador
→ Traço predominante: psicopatia

Hostilidade é o que caracteriza esse arquétipo. Não se trata apenas da postura impulsiva para responder ao erro e ao risco, mas principalmente da atitude de implantar o mesmo comportamento dentro da equipe.

Similar ao estilo de liderança "agressivo", de David McClelland, psicólogo da Universidade Harvard e pai da teoria das necessidades adquiridas,[4] o arquétipo do gladiador incita a iniciativa e a gana do time com uma conduta de palavras duras e muitas vezes com o ato de "bater a mão na mesa".

Na visão de McClelland, esse estilo tem suas vantagens se utilizado no modo e momento adequados, mas líderes agressivos se valem desses subterfúgios para ranquear e expurgar cruelmente os elos menos competitivos de seu setor.

Apesar de o arquétipo ser denominado "gladiador" por sua função ser prover uma arena de confrontos e embates, ele próprio nunca entra diretamente nela. Bradando frases de motivação como a famosa "somos faca na caveira", sua intenção é promover a competição interna a níveis prejudiciais, sem se preocupar com sua saúde mental nem com a de seus liderados.

Com a visão de que toda fraqueza precisa ser sumariamente dizimada, os gladiadores jogam os membros da equipe uns contra os outros para encontrar o perfil desejado: aquele com mais chances de sobrevivência.

Muito presente em times comerciais que possuem metas individuais e estratégias de aferição baseados na competição interna, esse arquétipo extrapola os limites, desestruturando a harmonia, criando inimizades e tirando qualquer possibilidade de colegas de equipe trabalharem juntos por um objetivo comum.

Modus operandi e comportamentos recorrentes

Criar prêmios vexatórios para o último colocado em uma competição interna, permitir que o bullying seja usado como forma de comunicação entre os liderados e até fazer

---

4 David C. McClelland. *The Achieving Society*. Connecticut: Martino Fine Books, 2010.

vista grossa para atitudes antiéticas são práticas criadas pela mente destrutiva de um gladiador. Indiferente à necessidade de crescimento e maturidade dos mais inexperientes, sua principal intenção é manter apenas os melhores combatentes a seu lado, mesmo que para isso tenha que destruir os mais fracos.

"Este é um peso relativamente pequeno para construir uma equipe forte" seria a justificativa dada por um gladiador ao mandar embora um funcionário que não aceitou entrar nesse jogo hostil ou que tenha perdido a guerra contra os demais.

O gladiador é sedento por embates e vive para o conflito, não permitindo que a equipe tenha períodos de calmaria para intercalar o alto nível de estresse que provocam. Ser liderado por esse arquétipo é como viver dentro de uma panela de pressão, confidenciou um executivo com quem trabalhei anos atrás.

Também criativos, os gladiadores usam essa habilidade para montarem constantes campanhas de competição na intenção de manter o senso de urgência e o instinto de sobrevivência sempre ativos.

Caso real que representa o arquétipo
Jorge sempre foi um vendedor implacável. Reconhecido por sua capacidade de persuadir clientes a comprar o que ele oferecia, subiu rapidamente na carreira graças aos resultados conquistados, apesar de seus conhecidos métodos duvidosos.

A agressividade de Jorge não apenas era enxergada como um diferencial, mas como uma condição para qualquer outro profissional que estivesse na diretoria de vendas da empresa de materiais de construção.

Em franca expansão, a organização já estava abrindo sua décima loja, e Flávio, o diretor comercial, decidiu criar uma vaga de gerente de vendas. Aficionado por competições, Flávio criou internamente uma gincana denominada "Só o mais forte sobrevive", e ela determinaria quem ficaria com a nova posição da empresa.

Nutrindo um profundo desprezo pelos profissionais mais comedidos e afáveis em suas abordagens, Flávio sabia que Jorge teria boas chances por suas práticas sem escrúpulos.

Incentivando não apenas a competição, mas uma rixa prejudicial ao próprio time, Flávio acompanhou de perto situações nada ortodoxas de Jorge falando mal de outros vendedores para roubar-lhes clientes ou se acomunando com o pessoal da logística para atrasar a entrega das vendas feitas por seus pares.

Para Flávio, valia tudo para vender mais, e Jorge tinha todas as competências (e a falta de ética) que ele entendia como saudáveis. Apesar da clara preferência, o restante do time de vendedores se reuniu e buscou uma solução para aquela situação que estava prejudicando todo mundo.

Eles entendiam que o ideal seria ter um perfil mais adequado para a posição, que cumprisse com as exigências da empresa, mas que transmitisse bons valores para a equipe e não apenas os de competição sem limites como Jorge faria se ocupasse o cargo. Assim, elegeram Eduardo como sendo a pessoa ideal para liderá-los e passaram a canalizar todas as vendas no nome dele.

Ao final da competição, Eduardo, o vendedor ético e com as reais competências de liderança havia conseguido, via estratégia e inteligência de todos, atingir a maior marca de vendas da competição criada por Flávio.

Enfurecido com a tática utilizada, Flávio, em vez de reconhecer o brilhantismo de sua equipe, mandou Eduardo embora por não ter realizado, de fato, todas as vendas e promoveu Jorge, o segundo colocado.

Como lidar

Se pudéssemos eleger um entre os dez arquétipos de chefes tóxicos como o mais perigoso e inescrupuloso, eu diria sem pestanejar que seria o gladiador.

Munidos de extrema perversidade para conduzir suas arenas internas de batalha, os gladiadores possuem um grau incalculável de destruição nas mãos. Por isso, lidar com eles por tempo indeterminado te levará a um possível colapso mental ou, pior, a se transformar em um deles. Nesse caso, "desistir" é, sim, uma opção. Não existe possibilidade de convívio saudável com gladiadores, e o melhor a fazer é buscar outra oportunidade o mais rápido possível.

Muitos profissionais gostam e se sentem motivados até certo ponto por competições. Acreditando que rendem mais ao serem desafiados, alguns não percebem que estão sendo treinados para lutarem em um jogo em que o único vencedor é o próprio gladiador.

Com a pressão sempre elevada, os liderados não terão tempo para um justo e revigorante respiro. Viver constantemente na iminência de "perder" não permitirá que o profissional se afaste do trabalho mesmo doente ou possa se recuperar do cansaço, que, com o tempo, passará a ser crônico.

Como esgotar seus "recursos" até a última gota de suor e depois trocar por "sangue novo" é o ciclo comum que todo gladiador imprime a seu time, você precisa ter consciência de que será visto apenas como uma engrenagem a ser gasta até não servir mais. Portanto, abra seus olhos sobre a real dimensão do quão insustentável e degradante é essa relação a longo prazo em sua carreira e busque sair dela assim que possível.

DICAS PRÁTICAS
- **Tenha um plano de saída:** Não suspenda sua busca por um novo emprego ou uma transição lateral para outra área da empresa. O desgaste emocional de conviver com um gladiador é insustentável e por isso essa relação deve ser a mais breve possível.
- **Não perca seus valores:** Por mais competitivo que você seja, não caia na armadilha de acreditar que as "gincanas" promovidas pelo gladiador são saudáveis, pois em breve você será envolvido em situações antiéticas e até ilegais para gerar mais e mais resultados. Faça seu trabalho dentro de limites morais enquanto busca novas oportunidades.
- **Denuncie:** Esse perfil de chefe tende a assediar claramente seus funcionários. Dada sua alta confiança, acredita cegamente que sua autoridade nunca será questionada e, por

isso, passa a relaxar quanto aos riscos que corre ao lidar com a equipe. Colete evidências e denuncie em órgãos externos como o MPT e sindicatos locais.

O bélico
→ Traço predominante: psicopatia

Assim como os gladiadores, os bélicos se valem da força bruta e agressividade para defenderem seus interesses. A principal diferença é que os chefes regidos por esse arquétipo costumam atacar profissionais e áreas fora de seu perímetro de atuação.

Como método de proteção, o lema utilizado pelos bélicos é de que o ataque sempre será a melhor defesa e por isso têm ações impulsivas e desproporcionais ao menor indício de perigo. Críticas construtivas e sugestões de melhorias serão sempre vistas como ataques pessoais a seu trabalho e, por consequência, rechaçadas imediatamente com um contragolpe.

Confundido como um ferrenho protetor da equipe, a verdade é que sua baixa autoestima e o medo de rejeição o faz agir pela emoção, com comportamentos erráticos e instáveis.

Para os bélicos a culpa sempre precisa recair sobre os outros e, em vez de tratar o problema com maturidade, focando a busca por solução, eles vão investir seu tempo para provar inocência.

O ódio e a vingança passam a funcionar como o motor primordial dos bélicos assim que eles identificam quem levantou dúvidas sobre sua capacidade de atuação. Mesmo que fundamentadas, tais críticas são tratadas como um ataque pessoal ao ego de um chefe bélico, e este passa a buscar maneiras de destruir a imagem de quem o atacou.

Temendo a exposição, esses gestores costumam relevar os erros de suas equipes para esconder as origens do problema. Tudo para que outras áreas não possam comprovar suas desconfianças.

Para se blindar, os bélicos utilizam todos os recursos disponíveis para ajudar em seus ataques, como e-mails, gravação de reuniões e principalmente ordenando atividades de perseguição a seus funcionários, transformando alguns de seus subordinados em detetives particulares.

Modus operandi e comportamentos recorrentes
É visível o incômodo de um chefe bélico quando alguém levanta a hipótese de existir algum problema na operação. Ao mínimo sinal de que a questão rodeia sua área, mesmo não sendo diretamente de sua alçada, o reflexo imediato do líder com esse perfil é a negação.

Tentar mudar o rumo do debate, buscando um assunto mais confortável, torna-se a primeira tentativa de escapar de qualquer suspeita sobre a qualidade de seu trabalho.

Na sequência, caso essa estratégia não surta o efeito esperado, o próximo passo é desvirtuar a questão para pequenos erros já conhecidos da operação, preparando o terreno para uma possível justificativa futura.

Se nada foi suficiente para tirar o foco de um problema que possa recair em seu colo, o bélico prepara a artilharia para, em seguida, efetuar o contra-ataque.

Empurrando as acusações para fora de seu círculo, os bélicos vivem cheios de informações desconhecidas até por outras áreas. Sob domínio de uma boa liderança, tais fatos serviriam como feedback, auxiliando departamentos pares a melhorar seus processos. Já nas mãos dos bélicos são usados como munição, e esses gestores apenas aguardam o melhor momento para disparála e ferir o oponente.

A dificuldade de reconhecer a existência de um problema interno faz com que o juízo de valor de um chefe bélico seja afetado. O pensamento do "Se o erro for dos outros, buscaremos os culpados. Se forem meus, vamos deixar de lado a discussão e buscar soluções" é prova disso.

Dar um peso maior à culpa alheia e relevar a própria é uma tática comum para diminuir a sensação de gravidade de seus problemas. Quando não é possível escapar de assumir um equívoco, o bélico buscará um erro ainda mais grave gerado por quem o denunciou, apenas para hostilizá-lo. Dessa forma, ele conseguirá deturpar a comparação, deixando-a desequilibrada para realçar o peso das falhas do outro em relação às suas.

Caso real que representa o arquétipo
Ricardo era operador de compras em uma empresa de produtos agropecuários. Sua função era realizar cotações de insumos e abastecer o estoque com itens que seriam revendidos nas lojas do grupo.

No posto acima do dele estava seu líder direto, Almeida, o coordenador geral de compras e aquisições. Um profissional extremamente competente em sua área de atuação, mas de um temperamento forte e rígido, beirando a arrogância.

Ricardo nutria grande admiração por Almeida, espelhando-se em suas condutas para trilhar seus passos profissionais, inclusive contando com sua ajuda como mentor de carreira.

Já Almeida, com apenas dois anos de empresa, estava longe de conquistar a amizade de seus pares, que acompanhavam a operação da empresa desde a inauguração da primeira loja, quase vinte anos antes.

Sua postura ríspida era compensada pela impecável dedicação e pelo zelo no trabalho. Todos sabemos da necessidade de ter alguém de confiança e com princípios morais para conduzir uma área tão sensível como a de compras, pois esse departamento é o mais passível de conflitos de interesses e fraudes, e Almeida tinha essa virtude.

Apesar do trato difícil, não existiam dúvidas sobre a ilibada conduta do coordenador. O respeito e compromisso com a ética eram o que mantinham, querendo ou não, o gestor da área por esses vinte e quatro meses dentro da empresa. Até o dia em que ele foi questionado sobre um assunto de sua operação.

Durante uma reunião da diretoria, o gerente financeiro levantou um sinal de alerta sobre algumas mudanças bruscas de preço no setor de compras. Cumprindo sua função de analisar os custos da operação, ele encontrou distorções em alguns itens que foram adquiridos com um valor muito superior ao dos últimos doze meses.

Mesmo sendo um questionamento natural, Almeida enrubesceu na hora. Como ele não tinha ciência daquela informação, interpretou a indagação como uma suspeita de fraude cometida por ele ou seu time, que estariam de alguma forma lucrando com a compra acima do preço "normal".

Em um tom ameaçador, Almeida entrou em modo de defesa e, para garantir sua reputação, atacou a gerência financeira de fornecer para a diretoria dados errados e bradou que aquela atitude só poderia visar colocá-lo em xeque.

Após uma discussão acalorada, Almeida retornou a seu setor e pediu que Ricardo investigasse a informação, que logo foi confirmada. A justificativa para alta dos preços estava no aumento exponencial dos custos de produção do insumo em questão.

Mesmo assim, Almeida não estava satisfeito. Não jogaria apenas aquela informação "na cara" do gerente financeiro, mas encontraria alguma falha no departamento dele para devolver a exposição desnecessária. Assim, colocou Ricardo para avaliar alguns dados financeiros no sistema de controle da empresa por meio de uma senha disponibilizada apenas para testes da área de TI, que permitia alterar dados e distorcer números.

Na reunião seguinte, Almeida interrompeu de maneira deselegante o presidente da empresa e apontou diversos erros nas planilhas contábeis produzidas pela área financeira da empresa.

Seguro de sua inteligência emocional, o gerente recebeu as críticas, pediu desculpas e disse que iria analisar e trazer as informações corrigidas na próxima reunião.

Nos dias que se seguiram, a área de compliance encontrou uma entrada anômala no sistema financeiro realizada por Ricardo em seu computador. Em função da gravidade do que ele tinha feito, a única saída foi demiti-lo junto com Almeida, que havia lhe passado a senha indevidamente.

Como lidar
Chefes bélicos geralmente confiam em suas equipes. Apesar de sempre defenderem os liderados, esse arquétipo não con-

segue aceitar erros internos e, ao negá-los, cria uma falsa sensação de relaxamento no time.

A transferência dessa postura de ser inatingível contamina os funcionários, que podem vir a repetir seus gestos como ato de defesa de suas falhas, como no caso de Ricardo.

Contudo, ao repetir o modus operandi para se aliar a essa prática, o profissional ficará exposto e será tachado de intransigente, assim como seu líder. Ter a consciência dos próprios erros reforça a maturidade de corrigi-los, distanciando o subordinado desse rótulo.

Estar em harmonia com o ambiente laboral, mesmo sendo liderado por um chefe bélico, é salutar para sua sobrevivência na empresa. Evitar ser feito de "bucha de canhão", sem se envolver em polêmicas ou artimanhas e com foco apenas em seu trabalho, é a melhor maneira de se respaldar quando esse gestor cair.

Com postura hostil, um chefe bélico não costuma ter longevidade nas companhias, pois ele destrói todas as pontes de confiança com outras áreas e até com a própria direção.

Por isso, manter-se neutro quando os ataques desse gestor forem disparados ajudará em sua caminhada posterior, quando for necessário limpar o rastro de destruição deixado por ele ao sair.

DICAS PRÁTICAS
- **Não se envolva nas discussões de seu gestor:** Mais do que neutralidade, tente ficar distante de qualquer situação pública em que seu chefe bélico possa explodir. Permanecer no anonimato vai te precaver de passar por situações desagradáveis quando ele conquistar novos inimigos dentro da empresa.
- **Seja resiliente:** Eu sei, é difícil pedir paciência quando sua rotina é impactada diretamente por um chefe tão agressivo em suas comunicações, mas se manter resiliente nos momentos em que não for possível escapar de certas situações pode garantir muitos pontos com quem interessa: a diretoria.
- **Não aceite realizar atividades escusas:** Essa é a situação mais difícil que você encontrará. É complicado ficar contra a parede quando chefes bélicos exigem que você faça algo

escuso ou ilegal para contribuir com suas vinganças. Muitas vezes, ao negar o pedido, você virará o alvo e então começará a ser perseguido. Apesar de desgastante, caso esse movimento realmente ocorra, esse gestor produzirá provas para você se proteger legalmente.

 Chefe que tem dois pesos e duas medidas pensa assim: "Se o erro for dos outros, buscaremos os culpados. Se forem meus, vamos deixar de lado a discussão e buscar soluções".

O acumulador de problemas
→ Traço predominante: narcisismo

Extremamente receosos com sua reputação, os acumuladores de problemas carregam elevada carga de insegurança e baixa autoestima. O medo de rejeição que profissionais desse perfil apresentam cria um mecanismo de proteção muito perigoso para seu time: a dificuldade desses indivíduos de dizer "não" para demandas desnecessárias.

Muitas vezes são acometidos pela síndrome do impostor, condição inserida na CID. Assim, os representantes desse arquétipo se julgam incompetentes e incapazes, por isso se autossabotam.

Ao se considerar não merecedor, seja pelo cargo que ocupa, seja pela responsabilidade nele depositada, o acumulador de problemas tenta agradar todo mundo na empresa, desde pares, funcionários e gestores, atraindo para si um peso que não precisaria carregar sozinho.

Buscando serem aceitos por todos ao seu redor, não conseguem negar pedidos, mesmo que estes não sejam de sua alçada, podendo ser demandas degradantes ou até ilegais vindas de outros setores e de seus superiores.

Aos funcionários, os gestores desse perfil fazem concessões que podem vir a prejudicar o desempenho do departamento, apenas para ter os liderados mais próximos. Assim como os omisso-permissivos, os acumuladores de problemas tendem a dar mais liberdade e autonomia como forma de agradar a equipe e, em seguida, caso se arrependam, não conseguem voltar atrás.

Diferentemente dos bélicos, esse arquétipo costuma, além de aceitar críticas, absorver todas os problemas que pairam a sua volta, evitando o conflito com os reais causadores deles.

Os acumuladores de problemas assumem a culpa de todos os erros em seu entorno para mostrar humildade e, assim, criam no ambiente um jogo de displicência e falta de cuidado, já que as outras áreas, evitando serem punidas, empurram suas falhas para eles.

Modus operandi e comportamentos recorrentes

Mesmo sobrecarregados, chefes acumuladores de problemas continuam recebendo novas tarefas. Sem um quadro de funcionários suficiente para atender a todas as tarefas que aceitam, esses gestores passam a jogar a sujeira para debaixo do tapete, enquanto afirmam que está tudo caminhando como previsto.

Quando os prazos acordados já estão estourados, os acumuladores tentarão dizer que estão quase finalizando as demandas, pedindo apenas mais um dia de prazo. Algo que, obviamente, não será o bastante. Em seguida, as desculpas mudam para algum problema qualquer que impediu que a equipe terminasse a atividade e assim por diante.

Para o time, sobra o excesso de atividades a serem desempenhadas. Enquanto o acumulador não tem coragem de estancar o envio de demandas, a equipe se vê perdida e desamparada, passando, muitas vezes, a procrastinar: afinal, como tudo que foi sendo coletado pelo acumulador ao longo do tempo vai ser entregue com atraso, os funcionários preferem canalizar seus esforços nas atividades que geram menos valor, mas que são mais simples de resolver, focando em dar vazão aos itens prometidos pelo chefe e não àquilo que realmente interessa à empresa.

Aos poucos, o departamento do chefe acumulador de problemas passa a ter pouca ou nenhuma importância na estratégia do negócio. Antenados com aquilo que de fato faz a diferença para a direção, os gestores pares acabam ficando com o filé, ou seja, as pautas interessantes e que dão boa exposição.

Caso real que representa o arquétipo
Graças a seu desempenho como programador, entregando tudo o que lhe era pedido dentro de prazos extremamente exíguos, Rodrigo foi escolhido para liderar a equipe de desenvolvimento de um novo software feito sob encomenda, cujo projeto foi vendido por sua empresa a um grande cliente.

Tendo consciência do tamanho do desafio, Rodrigo sabia que não estava pronto. Não tinha desenvolvido todas as competências necessárias para gerenciar uma equipe, tampouco negociar em nome de um contrato tão importante.

Apesar de todo receio, ele acabou sendo pressionado a aceitar a incumbência e, por medo de ser rejeitado pela gerência e por todos aqueles que acreditavam em seu talento, foi adiante com a nova tarefa.

No início, Rodrigo não teve dificuldade em conduzir reuniões de planejamento, distribuir tarefas e realizar as entregas iniciais do novo software.

Até que o primeiro pedido de mudança de escopo não previsto foi solicitado pelo contratante. Buscando agradar o gestor da área solicitante, Rodrigo assumiu o ajuste, absorvendo a demanda sem realizar um aprofundado estudo do esforço necessário para cumpri-la.

Após aceitar a primeira solicitação como um gesto de "parceria", Rodrigo passou a ser cada vez mais demandado com pedidos de mudanças e adições não determinadas em contrato e que deveriam ser cobradas como um trabalho extra.

Percebendo a dificuldade do líder do projeto, os responsáveis por determinar o escopo por parte do cliente começaram a usar Rodrigo para ganharem um produto mais robusto por um preço reconhecidamente mais barato.

Visivelmente angustiado, ele continuou aceitando aquela situação, trazendo para sua equipe mais e mais ajustes. Antes eles eram pequenos, mas com o tempo foram se tornando maiores e tão grandes quanto o escopo inicial contratado.

Questionado por sua gerente se precisava de algum apoio e qual era o status do projeto, Rodrigo sempre omitia as alterações solicitadas e apresentava uma visão otimista para o cronograma de entregas.

Os meses foram passando, e o time de Rodrigo, afogado pela alta demanda, começou a descumprir prazos, gerando desconfortos com o cliente, que reclamou com a gerência acima de Rodrigo.

Surpresa com a atitude de Rodrigo (apesar de ter sua parcela de culpa pela omissão), a gerente fez as contas de quanto a empresa perderia com os compromissos firmados pelo novo líder e chegou à conclusão de que havia um rombo financeiro enorme a ser arcado.

Tentando repactuar os compromissos feitos de boca por Rodrigo e comprovados por e-mails e mensagens de WhatsApp, a empresa fez um acordo para paralisar o projeto, pagou uma multa milionária ao cliente e demitiu Rodrigo e toda a equipe do projeto para reduzir custos e cobrir parte do prejuízo causado.

Como lidar
Chefes acumuladores de problemas não possuem filtros e acabam sobrecarregando a equipe. Nesse cenário, cabe ao liderado compreender que é humanamente impossível cumprir com todos os combinados realizados por esse tipo de liderança.

Angustiar-se com o tamanho desproporcional da demanda em relação à capacidade de realização da equipe trará sofrimento e não resolverá o problema, mas infelizmente essa é a realidade da maioria dos funcionários.

Utilizar-se da dificuldade de dizer "não" do chefe pode abrir algumas portas para pedir ajuda e até levar à tona o que está acontecendo de verdade com a equipe, valendo-se, se necessário, de uma intervenção superior.

Os acumuladores de problemas podem até se sentir traídos por essa estratégia, mas não é de seu perfil contra-atacar ou perseguir quem é o autor dela.

Oferecer ajuda psicológica também é uma maneira de demonstrar que ninguém está totalmente ileso de ter sentimentos que atraem gatilhos como a dificuldade de dizer "não". Essa é a melhor saída para todas as partes envolvidas, porque visa amparar um bom profissional que é acometido por tal condição, devolvendo-o com saúde para o trabalho ou o mercado.

DICAS PRÁTICAS
- **Dê prioridade para as tarefas de seu setor**: Separe as atividades repassadas por seu chefe entre aquelas que são de fato responsabilidade de sua área de atuação e aquelas que são favores ou tarefas de outros setores. Priorize sempre as tarefas pelas quais foi contratado para fazer.
- **Monte um planejamento de capacidade**: A maioria dos profissionais tem uma jornada de trabalho de 44 horas semanais. Com base nessa carga horária, distribua as tarefas de sua incumbência de acordo com a previsão de tempo de conclusão de cada uma delas. Esse plano demonstrará o que realmente cabe dentro de sua rotina e pode ser usado para renegociar prazos de novas demandas com seu chefe ou para explicar que é impossível encaixá-las em seus afazeres.
- **Documente os prazos reais e factíveis**: Acumuladores de problemas costumam dar prazos impossíveis de serem cumpridos aos clientes e aos pares. Não acate prazos que você sabe que não conseguirá cumprir ou será conivente com esse modelo nocivo. Faça questão de documentar e dar publicidade ao prazo que você acredita ser factível para entregar determinado pedido.

O espalha-promessas
→ Traço predominante: maquiavelismo

Alimentar falsas esperanças é um método cruel de tentar manter a motivação do time. É preciso ter muita cautela e muito equilíbrio para ao mesmo tempo não limitar demais os objetivos e sonhos de um funcionário e não provocar frustrações por expectativas que nunca sairão do papel.

Manipular expectativas é bem diferente de administrá-las. Cabe a todo líder manter um ambiente saudável, acolhedor e que seja transparente quanto a desafios e possibilidades de crescimento de seus liderados.

Enquanto bons líderes zelam por seus discursos e mantêm franca comunicação com o time, os chefes do arquétipo espalha-promessas são calculistas e agem com extrema malícia.

Elaborando previsões praticamente impossíveis de acontecer, esses chefes ludibriam a mente de seus colaboradores para mantê-los esperançosos de que vão conquistar tudo o que almejam.

Cargos novos, aumentos salariais, bônus acima do mercado, mais autonomia, estabilidade para o restante da vida e até licenças-prêmio são as promessas mais comuns desse arquétipo a fim de garantir a total atenção e devoção do time em suas metas desafiadoras.

Brincando com sonhos tão íntimos, os espalha-promessas sabem exatamente como atingir cada membro da equipe, manipulando vontades e contornando os eventuais quadros de desânimo com uma nova e ainda mais sedutora promessa.

Enganar, pintando um cenário promissor, faz parte da natureza desse arquétipo. Até aqueles funcionários menos experientes, que ainda terão um longo caminho de amadurecimento antes de acessarem tais promessas, são alvo de engenhosas teias de mentiras.

Modus operandi e comportamentos recorrentes
Muitas vezes, nós, líderes, já temos a informação sobre quando será necessário cortar pessoas e até mesmo o nome de quem será demitido, mas, para manter a estabilidade dentro do time, somos obrigados a segurar tais fatos até o momento certo.

Esse talvez seja um dos maiores desafios de um líder de verdade, que se preocupa com seus liderados e zela por eles como seres humanos, e não apenas recursos.

Dar um suporte digno para quem vai sair, com políticas de *outplacement* que ajudem na recolocação, treinamento e manutenção de alguns benefícios, como a ação de a empresa continuar pagando o plano de saúde por um período, pode ser uma estratégia respeitosa de tratar com empatia quem se dedicou à empresa, sem amedrontar aqueles que ficarão.

Porém, para os espalha-promessas, omitir problemas financeiros da organização para manter propositalmente os funcionários às cegas sobre os riscos que correm é uma forma egoísta de manipular a equipe.

Esses chefes mesquinhos prometem o que não podem cumprir e continuam alimentando as fantasias do time até o último momento com uma realidade inexistente. Por exemplo, quando, mesmo sem alçada suficiente para tal, negam pedidos de demissão, apesar de saberem que sair da companhia é o melhor para o desenvolvimento do funcionário, forçando-o a ficar porque em breve a empresa cobrirá a oferta externa — o que nunca acontecerá.

Caso real que representa o arquétipo
Gina trabalhava como pedagoga em uma pequena escola particular na região metropolitana de Recife, Pernambuco. Reconhecida por seu trabalho importante no desenvolvimento do colégio, ela estava feliz e realizada. Ao longo do tempo trabalhando ali, tinha conquistado o salário máximo que poderia ser oportunizado pela escola.

Ao encontrar um limite no teto de crescimento onde estava, Gina viu outra grande oportunidade de carreira surgir: um concurso público que lhe garantiria não apenas um salário maior, como uma virtual estabilidade.

As inscrições do concurso estavam prestes a se encerrar e outras colegas de Gina a convenceram de participar. Dada à gratidão que a pedagoga tinha por seu atual empregador, acreditou que contar a verdade e dizer sobre seu interesse no concurso fosse a atitude correta a tomar.

Amparada em seus valores, abriu o jogo com a diretora da escola. Disse que era uma maneira franca de a escola ter tempo para se preparar até que ela fosse convocada, caso passasse na prova.

Surpresa com a informação, a diretora da instituição tentou convencer Gina a não prestar o concurso, pois o crescimento que o colégio teria no ano seguinte poderia abrir novas posições ali dentro, como a função de coordenação geral.

Com a dúvida plantada na cabeça, Gina demonstrou interesse em saber mais sobre o crescimento e as novas opções, e foi então que a diretora incrementou a promessa, mencionando até o percentual de aumento salarial que Gina teria se ficasse.

Gina foi envolvida pela fala da diretora, que se comprometeu a aumentar suas folgas e dar o tal cargo ainda inexistente de gestão que ela tanto almejava, o que ocorreria muito em breve.

Diante de tantas novidades, Gina não teve como rejeitar. Saiu da sala de sua chefe fazendo planos para o próximo ano. Deixou de lado o concurso e aguardou que a promessa fosse concretizada.

Na chegada do novo ano, o crescimento de matrículas da escola ficou aquém do esperado, mas a diretora ainda convenceu Gina a continuar trabalhando com o mesmo salário por mais um ano até que as coisas melhorassem.

No ano seguinte, dois anos após a primeira promessa, a diretora decidiu promover a própria filha ao posto de coordenadora e, como o salário dela cresceria, a escola não poderia manter Gina, que já tinha um custo alto para a empresa.

Assim, a pedagoga acabou sendo demitida, ficando sem o emprego e sem a possibilidade de ingressar no serviço público, já que não fez sua inscrição na época.

Como lidar

É difícil, muitas vezes, não cair na habilidosa lábia de espalha-promessas, afinal eles representam a liderança da empresa e isso, por si, deveria ser um sinal de confiabilidade para o liderado.

Por sua vez, diferentemente de outros arquétipos em que a identificação do modus operandi é dúbia e complexa, esse perfil de chefe costuma deixar pistas em todas as suas atitudes. São tantas promessas para manter que é quase impossível equilibrar os pratinhos sem deixar um cair. Quando isso acontece, geralmente assim que uma pequena promessa não é cumprida, seu método de gestão fica mais evidente.

A confiança mútua é o alicerce que mantém saudável qualquer relação no ambiente de trabalho. Não basta o funcionário confiar no chefe e vice-versa, mas os combinados firmados precisam ser honrados por ambos os lados.

Quando existe uma quebra de acordo sem que uma justificativa plausível seja apresentada, o lado que sofreu com a frustração precisa impor novos limites. No momento em que o funcionário passa pela primeira situação de descumprimento de algo previamente afiançado, deve buscar um fator que comprove a real possibilidade de a próxima promessa ser cumprida.

Repactuar prazos não é um problema, mas o fornecimento sadio de garantias ou, pelo menos, dados que sustentem tais negociações precisam ficar claros para as partes.

Não deveria existir uma promessa de aumento salarial antes da construção de um plano de desenvolvimento e da averiguação de espaço no orçamento da área. Não deveria existir promessa de um novo cargo se a empresa não está crescendo, e por aí vai.

O mais importante ao lidar com chefes desse arquétipo é manter os pés no chão, sem se deixar ser envolvido em uma bola de neve feita por boas intenções, mas sem nenhuma efetividade prática.

DICAS PRÁTICAS

- **Insista para ter metas objetivas para cada promessa**: Se seu chefe disse que lhe dará um aumento, uma folga prolongada ou até mesmo a autorização para seus trinta dias de férias, peça para que ele estabeleça quais gatilhos ou metas você precisa cumprir para que essas promessas virem realidade. É importante ter objetivos específicos e mensuráveis para facilitar a aferição e futura cobrança do combinado.
- **Peça a oficialização do que foi acordado**: Chefes que fazem promessas sabendo que não as honrarão têm dificuldades de oficializar suas falas. Legitimar por e-mail ou mensagem no WhatsApp deixa clara a importância do que ele

prometeu para sua carreira e como você leva a sério o que combinaram. Isso ainda não garantirá o cumprimento da promessa, mas será mais fácil de demonstrar que a quebra do acordo partiu do chefe e não de suas entregas.

- **Não se aprisione**: Não deixe que boas oportunidades passem por acreditar que falsas promessas um dia serão cumpridas, principalmente se elas forem refeitas no momento de seu pedido de demissão. Essa será a maior prova de que você não era valorizado e continuará na mesma situação caso decida ficar em vez de seguir adiante.

Oferecer aumento quando você está de **saída** não é te valorizar, e sim evitar que você leve seus **resultados** para a concorrência.

5

ESTRATÉGIAS PRÁTICAS DE NEUTRALIZAÇÃO E SOBREVIVÊNCIA

É possível estabelecer níveis para as lideranças tóxicas?

Iniciaremos agora uma nova etapa deste livro. Se desde o início dedicamos mais tempo para entender como a mente e a atitude dos chefes ruins impactam a saúde mental dos funcionários e, por consequência, a saúde financeira das empresas, chegou o momento de olharmos para dentro.

Até aqui desbravamos as origens e as consequências de um ambiente tóxico em nosso cotidiano e como nossa carreira acaba sendo moldada por experiências laborais degradantes quando não estamos totalmente preparados para elas.

Depois de apresentar os dez arquétipos da má liderança, imagino que algumas dúvidas tenham pairado sobre sua mente, principalmente em relação ao nível de risco que você possa estar correndo.

Algumas indagações surgem para tentar preencher a angústia que nos rodeia quando pensamos na exposição pela qual eventualmente passamos: será que algum desses chefes é mais prejudicial que o outro? Será que existe alguma escala que qualifique a toxicidade de cada um deles para entender qual risco corro hoje? Quais perfis são mais calculistas e têm plena consciência de que estão manipulando seus liderados?

Como falamos previamente, não existem estudos cientificamente comprovados que ranqueiem perfis de liderança. A própria construção desses dez arquétipos foi realizada levando em consideração um conjunto heterogêneo de pesquisas, linhas teóricas e filosóficas.

Portanto, a comparação que faremos adiante vale como tentativa de ilustrar o que acredito ser mais danoso, baseando-se em toda a minha experiência e vivência no mundo corporativo. Apesar do simbólico valor empírico, esse apanhado pode auxiliar em sua reflexão e na montagem de uma estratégia para responder aos impactos trazidos por um líder tóxico em sua vida profissional e pessoal.

Antes de tudo, precisamos isentar os inexperientes e desprovidos de maldade

Você provavelmente ficou se perguntando o porquê da história de Rodrigo, aquele jovem líder de desenvolvimento de software, ter sido usada para exemplificar o arquétipo do acumulador de problemas. Afinal, ele também foi vítima de sua condição psicológica.

Ter plantado essa história no meio de outras nove que parecem mais "condenáveis" do ponto de vista ético foi propositalmente pensado para este momento. Nenhum dos exemplos regidos pelos dez arquétipos de chefes ruins representam pessoas totalmente más.

Todos esses profissionais, em maior ou menor grau, foram afetados por uma infância traumática ou ensinados que aquele seria o modelo certo a seguir. Alguns se envolveram de tal maneira que assumiram indeterminadamente essas posturas, mas outros ainda enfrentam uma briga interna que muitas vezes os fere tanto quanto seus liderados.

Aqueles que têm rompantes ou períodos menos prolongados dentro de algum desses arquétipos podem estar sofrendo por uma pressão desproporcional ou ainda estar sendo impactados por sua inexperiência a ponto de não perceberem o quão prejudicial é trilhar tais caminhos.

Tentando acertar, muitos acabam metendo os pés pelas mãos, mas ao menos conseguem ter o discernimento de que erraram e buscam corrigir a postura antes de serem sugados para o arquétipo que ensaiaram interpretar.

A falta de intencionalidade demarca a diferença entre os inexperientes e os desprovidos de maldade e, por isso, precisamos isentá-los por seus erros. Afinal, quem de nós nunca errou?

A maldade pode ser medida?

Talvez você se lembre de um programa de TV de sucesso do canal Discovery chamado *Most Evil* e que no Brasil ficou conhecido como *Índice da maldade*. No ar entre os anos de 2006 e 2015, a atração era estrelada pelo psiquiatra forense e professor da Universidade Columbia Michael Stone, que contava a história de diversos criminosos e assassinos em série e ao final os classificava em seu índice da maldade.

Desenvolvida pelo próprio apresentador e estudioso, a escala da maldade é uma referência para o assunto, avaliando os diferentes níveis de impulsos psicopáticos e que são detalhados no livro *Serial killers – Anatomia do mal: Entre na mente dos psicopatas*.[1] A medida é uma ferramenta comparativa, mas sem valor clínico, apesar do reconhecimento obtido de boa parte da comunidade científica.

Apesar da aplicabilidade da escala, não estamos tratando aqui de criminosos, mas de profissionais com a tendência de responder aos riscos que correm (ou imaginam correr) com atos reflexos que podem ser carregados de maldade.

Chefes inexperientes podem cometer deslizes justificáveis dependendo da ocasião, do nível de estresse e da pressão. Outros deslizes podemos até compreender, mas não se justificam pelo modo e pela agressividade que conduzem seus erros. Por fim, temos aqueles gestores que agem de maneira totalmente incompreensível por tão reprováveis que são seus atos.

Mesmo sabendo que todos nós, em algum grau, podemos apresentar momentos de raiva e cometer um ato impensado de hostilidade, cada indivíduo possui a consciência de seus limites, identificando sozinho quando os ultrapassou ou não.

Deixando de lado os 22 níveis contidos na escala do dr. Michael Stone, muitas vezes podemos perceber natural-

---

[1] Harold Schrecter, *Serial killers – Anatomia do mal: Entre na mente dos psicopatas*. Rio de Janeiro: Darkside, 2019.

mente quando atos de chefes ruins foram premeditados ou não. Ao observarmos a existência de toda uma arquitetura que culminou em atos agressivos ou que prejudicou de propósito um funcionário, fica mais fácil dizer que estamos diante de um líder com uma má conduta.

Nesse sentido, é possível visualizar como posturas indesejáveis são recorrentes e fazem parte da natureza de um gestor ruim. A seguir trago um conjunto de adjetivos que sobressaem na rotina de atuação de cada tipo de chefe apresentado:

Tabela 2 – Características comuns por tipo de chefe ruim

Tipo de chefe / Características	Inseguro	Receoso	Impulsivo	Indiferente	Insensível	Egoísta	Agressivo	Arrogante	Manipulador	Passivo	Desinteressado	Inconsequente
Tirano					x	x	x	x	x			
Politiqueiro			x	x	x			x				
Microgerente	x		x	x						x		x
Omisso-permissivo	x	x								x	x	x
Guardião da verdade	x	x			x	x	x	x				x
Multiplicador de ansiedade	x	x								x		x
Gladiador			x	x	x	x	x	x	x			
Bélico	x	x	x	x	x	x	x	x	x			x
Acumulador de problemas	x	x								x	x	x
Espalha-promessas				x	x	x			x		x	x

Concebendo um 9-Box da liderança tóxica e seus principais fatores

Se pudéssemos criar uma escala, assim como o índice de Stone, visando classificar o índice de toxicidade para chefes ruins, dois aspectos seriam observados: no primeiro eixo estaria a premeditação, ou seja, a consciência que esses profissionais têm sobre seus próprios atos, e, no segundo, o impacto gerado com essas ações.

A premeditação demonstra a intencionalidade de um ou uma série de atos. Quando um chefe planeja diversas ações e posturas para conquistar um objetivo, tem plena consciência de onde quer chegar. Nesse caso, existe o discernimento de avaliar os riscos do que pode dar certo e do que pode dar errado.

Apesar de ser um pensamento calculista, não necessariamente podemos dizer que a premeditação está sempre ligada a um pensamento maquiavélico, em que existe frieza para arquitetar algo apenas para benefício próprio. É dessa mesma maneira que bons líderes antecipam riscos e, por isso, valem-se da premeditação para criar bons planejamentos.

No segundo eixo, está a gravidade do impacto negativo gerado pela ação ou pelo conjunto de ações mais ou menos premeditadas. Chefes ruins que focam apenas em benefícios pessoais não se preocupam com tais impactos, mesmo que essas atitudes devastem a saúde mental e física de seus colaboradores.

Líderes inexperientes também podem trazer malefícios a seu time, mas nem sempre tiveram intencionalidade de provocá-los. Ao perceber o erro, esse tipo de líder corrige sua rota e passa a ter mais cuidado, minimizando seu impacto ao não os repetir.

Portanto, podemos deduzir que os piores líderes são aqueles que premeditam seus passos, causando periodicamente impactos negativos ao time, sem se importar com as consequências que suas ações possam desencadear.

Ao distribuirmos os dez arquétipos apresentados nesta visão de dois eixos, chegamos a um modelo parecido com o 9-Box, comumente utilizado para avaliar talentos nas organizações:

Matriz 1 – Classificação de toxicidade de líderes em dois eixos

Premeditar suas ações (consciência de seus atos) ↑		Politiqueiros e Espalhadores de promessas	Gladiadores
	Bons líderes sob pressão e primeira liderança (buscam o certo, mas acabaram cometendo algum erro imprevisto na gestão)	Bélicos e Microgerenciadores	Tiranos e Guardiões da verdade
		Permissivos e Acumuladores de problemas	Multiplicadores de ansiedade

→ Impactar o time negativamente

Onde estariam os três primeiros quadrantes na vertical esquerda, consideramos um grande bloco para englobar os bons líderes e os inexperientes que, mesmo buscando acertar em seus planos, acabam causando algum impacto negativo ao time. Dada a falta de intencionalidade de causar o mal e a ausência de recorrência nos danos, classificamos esses perfis no menor nível de toxicidade.

Já os outros seis quadrantes à direita ficam, em maior ou menor grau, todos os arquétipos detalhados anteriormente. Os gladiadores estão no topo, seguidos pelos politiqueiros, espalha-promessas, tiranos e guardiões da verdade.

Por fim, em uma zona intermediária, estão os bélicos, os microgerentes, os omisso-permissivos, os acumuladores de problemas e os multiplicadores de ansiedade, que têm uma maior tendência de autoproteção e não necessariamente querem ferir a equipe de maneira intencional.

Naturalizaram tanto a presença de chefes tóxicos nas empresas que, quando você está em um ambiente saudável, acha que não merece estar nele!

Identificando sintomas no ambiente de trabalho

Aprender a antever situações degradantes nos levará a construir uma estratégia coerente para minimizar seus impactos negativos. Não será apenas nos gestos raivosos, nos gritos e nas brigas homéricas que você encontrará indícios de que caiu na tutela de um chefe ruim.

Identificar sintomas antes que a liderança tóxica aja é fundamental para reagir às ocasiões bizarras que surgirão em seguida. Reconhecer o terreno, os pequenos sinais de que você está prestes a ser usado em algo que pode prejudicar sua saúde e sua paz de espírito, pode te colocar em vantagem nesse jogo de gato e rato.

A observação é, e sempre será, sua maior aliada. Ela não deve ser sacada apenas quando uma desconfiança vem à tona, mas sempre que possível, até mesmo antes de você pisar na empresa em seu primeiro dia de trabalho.

Costumo dizer que só conhecemos um ambiente laboral de verdade quando estamos inseridos nele. A maioria dos profissionais que está na iminência de conquistar uma vaga de emprego foca mais no ato de obter uma resposta positiva da seleção do que no de compreender como será sua rotina de trabalho.

É natural fantasiarmos com a empresa de nossos sonhos como se elas tivessem o melhor clima organizacional do mundo e, por isso, acaba existindo tanta frustração quando os profissionais vivenciam pessoalmente como elas são por dentro.

Escolher um emprego vai muito além de aceitar uma proposta salarial e bons benefícios. O acordo selado entre empregador e empregado envolve, por parte da empresa, fornecer ferramentas adequadas para o colaborador desempenhar o trabalho de maneira satisfatória e, principalmente, ofertar um bom e justo ambiente corporativo.

Mas como descobrir se isso será de fato oportunizado? É verdade que pode soar um pouco arrogante fazer perguntas mais sensíveis sobre sua futura empresa ao entrevistador, porém precisamos entender que esse é um direito seu como candidato.

Coletar informações sobre a área da empresa onde você será lotado caso seja contratada(o), buscar notícias e posts sobre o trabalho desempenhado pela companhia e até observar o posicionamento do líder nas redes sociais pode te munir de dados antes dessa importante tomada de decisão.

Isso quer dizer que tudo será verdadeiro e transmitirá exatamente o que acontece na prática? Não, mas te ajudará a não cair de paraquedas em um ambiente que pode ser completamente inóspito. Por isso, apresento quatro sintomas corriqueiros que servem para identificar se a área da empresa a que você está chegando pode ser tóxica:

O índice de turnover pode dar a primeira pista
Excluindo aqueles ramos da economia em que o índice de rotatividade de funcionários na empresa (turnover) é historicamente mais elevado, esse pode ser um indício revelador de como é o ambiente de trabalho em determinada companhia.

Os pedidos de demissão realizados pelos funcionários e as demissões decididas pelo gestor escondem histórias que, se recorrentes, viram um ponto de atenção e merecem maior apuração por parte de quem está chegando.

Empresas com climas organizacionais pesados, hostis e que não valorizam a equipe costumam apresentar, naturalmente, um alto turnover em relação àquelas que prezam pela segurança mental, cumprem com suas obrigações trabalhistas e buscam um ambiente saudável de trabalho para seus colaboradores.

Como explanamos, dependendo do tamanho da empresa é bem provável que existam microculturas em que chefes ruins criam seus feudos e, nesses casos, o turnover dessas áreas também deva ser maior do que o do restante da organização.

Mesmo sendo uma informação sensível e que não é divulgada aos quatro ventos, é possível encontrar um ex--funcionário disposto a contar um pouco sobre sua experiência e acerca de como é o turnover na empresa que você quer entrar.

Outro fenômeno vinculado à rotatividade e que pode ajudar a compreender melhor o funcionamento da gestão de pessoas de uma empresa são as demissões em massa, também chamadas de *lay-offs*.

Empresas acostumadas a realizar *lay-off* demonstram um grande apetite pelo crescimento e se valem de uma estratégia agressiva de ganhos exponenciais. Ao apostarem propositalmente todas as suas fichas na contração de muita gente para dar conta desse "sonhado" futuro promissor, acabam tendo que mandar embora uma boa parcela dos contratados quando a aposta feita não se concretiza.

Essa prática inundou inicialmente empresas de tecnologia em franca expansão, mas hoje também faz parte da rotina de outros setores econômicos. Ela não é uma estratégia abominável, mas uma característica que precisa ser levada em consideração por quem está entrando naquele ambiente, evitando ser pego de surpresa caso a companhia passe por uma nova leva de demissões.

Nesses casos, cabe a você decidir se quer apostar suas fichas em um modelo de risco moderado como esse, sabendo da probabilidade de uma saída repentina.

A "celetização" dos PJS

Uma estratégia que merece atenção por vir ganhando cada vez mais espaço nas lideranças retrógradas é o processo de exigir de prestadores de serviço (PJ) as mesmas obrigações de funcionários CLT, o que chamo de "celetização".

Buscando fugir da alta carga tributária, diversas empresas estão mudando o método de contratação, mas sem dar aos colaboradores as vantagens que um regime PJ envolve, como horários flexíveis.

Esse movimento, muitas vezes oportunista, acaba por pegar profissionais fragilizados por demissões involuntárias nos últimos anos e que enxergaram na atuação como microempreendedor individual (MEI) a possibilidade de recompor sua renda.

Só para se ter uma ideia, o crescimento da ocupação de PJs em posições formais de trabalho chegou a 19,2% em 2023, ou seja, a cada dez funcionários de empresas brasileiras, dois são meis, segundo dados do IBGE.[2]

Transformando prestadores de serviço em funcionários de dedicação exclusiva, chefes mal-intencionados se fazem de desentendidos sobre os limites mais amplos desse tipo de vínculo trabalhista para continuarem usando seus métodos arcaicos e sufocantes com profissionais cuja relação não deveria ser de gestão direta.

Foi o que aconteceu com Lúcia, desenvolvedora *front-end* que resolveu sair de um emprego com carteira assinada para ser PJ com atuação em home office em um grande banco. Seu planejamento de carreira era ter maior liberdade após o expediente para tocar o projeto de sua própria startup.

Apesar de Lúcia ter que cumprir com alguns requisitos que deixavam sua função com cara de CLT, como o cumprimento de uma quantidade X de horas por dia, ela estava empolgada por conseguir certa mobilidade para encaixar seu projeto pessoal ao longo da rotina. Pena que o entusiasmo não durou nem um mês.

A programadora foi encaixada no método de gestão de um microgerente responsável pelo projeto em que ela estava inserida. Tendo que se deslocar para reuniões presenciais, Lúcia era constantemente questionada pelo gerente sobre seus horários, dizendo que ela deveria seguir o mesmo expediente da equipe.

Tentando se esquivar das cobranças, ela voltava a reforçar os pontos combinados e descritos em seu contrato

---

[2] Exame, "Brasil tem 13,2 milhões de MEIs, que representam 70% das empresas do país". 4 out. 2023. Disponível em: <https://exame.com/economia/brasil-tem-132-milhoes-de-meis-que-representam-70-das-empresas-do-pais/>. Acesso em: 26 ago. 2024.

de trabalho. Com a pressão aumentando diariamente, Lúcia conseguiu conduzir seu serviço com a qualidade exigida até vir o primeiro pedido de hora extra. Dedicar mais tempo do que já contratado não estava nos planos da profissional, afinal foi por isso que ela aceitou trabalhar como pessoa jurídica.

Ao expor os motivos pelos quais ela não poderia oferecer mais horas, o gerente ficou furioso não apenas com a negativa, mas pelo fato de Lúcia ter outro "trabalho". Não demorou muito para que ela fosse dispensada e, como não era de fato CLT, saiu de mãos vazias.

Mandar, desmandar, trocar funções, exigir hora extra, não permitir que o profissional PJ preste serviço para outras empresas são exemplos de excessos feitos por chefes ruins que buscam apenas reduzir seus deveres como empregador. Por isso, táticas como essas precisam ser percebidas com antecedência, para você não cair em uma roubada.

Desequilíbrio de responsabilidades
Outro sintoma comum e de fácil detecção em áreas comandadas por lideranças tóxicas é o desequilíbrio em tarefas e responsabilidades. A falta de balanceamento demonstra evidente favoritismo com uns e antipatia com outros membros específicos do time.

Chefes tendenciosos não expõem seus apadrinhados e desafetos com gestos carregados de injustiça, mas em ações despretensiosas e de extrema perspicácia. Dentre essas sutilezas, disfarçadas de pequenos favores, estão desde o convite aos preferidos para a participação em eventos e reuniões de grande importância a empurrar tarefas menos relevantes aos preteridos.

Em uma rotina atribulada, cheia de trabalho e desafios, poucos profissionais perceberão como esses detalhes são pensados e construídos para formar algo maior no futuro e acabam só entendendo o que está acontecendo nos bastidores quando uma promoção ou demissão é comunicada oficialmente.

Cair de paraquedas em um setor onde exista esse tipo de desbalanceamento não é um desafio de fácil assimilação e, na maioria das vezes, o profissional entrará direto para o time dos preteridos caso não tenha nenhum tipo de vínculo anterior com o chefe.

Mapear as relações interpessoais entre líder e cada um dos liderados trará a dimensão correta de um possível desvio de conduta que privilegie uns em detrimento de outros.

Infelizmente, muitos funcionários recém-contratados pegam ranço de seus pares que possuem tal preferência, mas eles não são a fonte do problema e nem sempre enxergam tais benefícios como exclusividade deles.

Em vez de canalizar a antipatia nos privilegiados, o foco deve estar na tentativa de compreender como aquelas benesses podem prejudicar seus passos e seu próprio crescimento dentro da empresa.

Jogos emocionais e a vitimização
Por fim, trago outro sintoma carregado de nuances e sutilezas: os jogos emocionais. Um ambiente em que as emoções são afloradas em demasia, com encenações de profundo sentimentalismo, pode esconder na verdade um clima de extrema falsidade.

Elogios, discursos motivacionais e até abraços calorosos nem sempre são genuínos dentro de uma empresa. Às vezes, as pessoas não se suportam, porém necessitam mostrar diariamente que se amam. Não estou falando de respeitar o próximo, e sim de fingir que a relação vai além de apenas tolerância.

Estar em um lugar onde suas opiniões e sua espontaneidade precisam estar cobertas por um véu de simpatia exagerada é tão ou mais nocivo que conviver em um clima hostil, mas verdadeiro.

Não conhecer as reais intenções de pares e do líder é como pisar em ovos. É extenuante cuidar de sua retaguarda porque existe um medo excessivo de ser, a qualquer hora, apunhalado pelas costas.

Esse sentimento é mais comum e desgastante do que se pensa, mas pouca gente tem coragem de falar sobre ele. Jogos emocionais como esses são bastante maléficos para a produtividade, porém são usados indiscriminadamente para manter a submissão dos funcionários.

Nessa cena corporativa, o funcionário passa a ser responsável pelas emoções de seu chefe, que se mostra frustrado quando não é atendido como gostaria. Pode ser um favor pessoal, uma tarefa fora de seu escopo ou um pedido para fazer horas extras — nesse último exemplo, pode parecer contraintuitivo, contudo muitas pessoas se sentem mal por sair do trabalho no horário certo, não pelo julgamento dos outros, e sim por acreditarem que estão deixando o chefe na mão.

Nesse caso, não estamos falando de uma preocupação genuína com o gestor, de uma admiração que motiva o time a se importar com a figura do líder, mas do receio de cometer alguma besteira e ser posto de lado.

Em quem confiar?

É estranho pensarmos nisso, mas, apesar de a confiança ser a base de todos os contratos de trabalho perante a lei, o que mais vemos no país é a falta dela regendo as relações entre empregadores e empregados.

Essa desconfiança acaba sendo uma das principais causas de um mal que atinge o cenário brasileiro há anos: a baixa produtividade. Essa é uma das constatações do estudo publicado em 2018 e denominado *Confiança e produtividade no Brasil*, conduzido pelo dr. Marco Tulio Zanini e pela dra. Carmen Migueles, vinculados à EBAPE/FGV e à Fundação Dom Cabral.[3]

---

3 Stela Campos, "Baixa produtividade tem a ver com confiança". *Valor Econômico,* 30 ago. 2018. Disponível em: <https://valor.globo.com/carreira/coluna/baixa-produtividade-tem-a-ver-com-confianca.ghtml>. Acesso em: 26 ago. 2024.

Usando como referência os principais rankings globais (Banco Mundial, OCDE, OMPI e Fórum Econômico Mundial), os professores estudaram quarenta companhias de grande e médio portes por dezesseis anos a fim de tentar isolar os fatores que causam diretamente o baixo desempenho nas empresas brasileiras.

Chamando o excesso de burocracia e a falta de confiança de "passivos organizacionais", os autores justificaram que essa cultura consome tempo e energia, o que resulta em perdas nos quesitos competitividade e produtividade.

Esses passivos ficam mais evidentes quando percebemos a animosidade no relacionamento entre um líder que constantemente acredita que o funcionário pode deixá-lo na mão e vice-versa.

A diferença é que, quando a empresa perde a confiança no funcionário, é fácil identificar os mecanismos de que o empregador se vale para coibir ações dolosas, seja um ato de improbidade, de desonestidade, seja abuso ou má-fé. Nesses casos o trabalhador estará passível a sanções administrativas e legais, como uma demissão por justa causa.

Já quando ocorre o inverso, ou seja, no momento em que o funcionário perde a confiança na empresa, ele se vê abandonado e à mercê de seu chefe. Sentir-se solitário no ambiente de trabalho não é apenas prejudicial em função da produtividade, e sim porque aumenta a insegurança do funcionário que, por não confiar mais no chefe, pode optar por deixar a companhia.

Outro risco mais comum entre novatos é o de serem abandonados pelo próprio líder, ficando perdidos dentro da empresa. Deslocados e sem saber a quem recorrer, muitos acabam se aproximando de colegas mais "simpáticos" e que se mostram acolhedores, mas que muitas vezes são mal-intencionados.

Buscar apoio e aconselhamento em pessoas que não são totalmente confiáveis é um dos principais motivos para bons profissionais ficarem expostos em um ambiente hostil.

Já caí nessa armadilha e tenho certeza de que você, no mínimo, também conhece alguém que sofreu com esse tipo de situação. Em meu caso, cometi o erro de desabafar meu sentimento de abandono com uma colega de equipe que acabou usando o que falei contra mim de forma oportunista depois.

Por essas e outras, reforço a importância de mapear, em detalhes, seu ambiente de trabalho, pois cabe ao profissional identificar os jogos de poder que regem as decisões da empresa e, assim, buscar apoio onde será acolhido corretamente.

Guarde sua insatisfação para quem pode te acolher de verdade e fazer algo com aquela informação. Expor-se onde e para quem não deve só gerará fofocas a seu respeito.

O papel do RH e de outras estruturas oficiais de suporte

Costumo dizer que nas últimas décadas as áreas de recursos humanos sofreram, em sua maioria, uma profunda crise de identidade. A evolução dos modelos de gestão, saindo daquele velho conceito taylorista/fordista de processualização extrema para algo mais estratégico, tem ajudado na transformação desse setor que antes era visto apenas como responsável por tarefas burocráticas.

Deixando as funções de "departamento pessoal" de lado, a área de recursos humanos (que a meu ver deveria deixar de ter o termo "recursos" no nome, pois reduz a capacidade humana a ser apenas uma "ferramenta") passou a ocupar um papel de protagonista, tratando o assunto "gente" como deveria: dando atenção e zelando pela saúde mental dos funcionários, buscando auxiliar a liderança com suporte metodológico e se fazendo presente em debates sobre contratações e demissões antes que elas sejam decididas.

O surgimento de conceitos inovadores, como a implantação da estrutura de *chief happiness officer* (CHO) — profissional ou grupo de profissionais exclusivamente dedicados a criar políticas para garantir um ambiente de trabalho agradável — vem ajudando na recuperação da confiança dos funcionários na empresa, dando conforto e segurança para falarem sobre suas angústias.

Contudo, estamos bem longe de essa ser a realidade para a maioria dos trabalhadores. Empresas de médio e pequeno porte continuam tratando o RH como uma área processual e pouco ligada ao desenvolvimento e suporte para os funcionários.

Infelizmente, é bem mais comum identificarmos essas estruturas oficiais sendo coniventes com a liderança — afinal, temem os chefes ruins tanto quanto os colaboradores — do que tendo poder suficiente para interferir em questões internas de cada um dos setores.

Com esse desbalanceamento de poderes, áreas contaminadas e coagidas pelos métodos de maus gestores não conseguem prover a isenção necessária para os profissionais se sentirem seguros em expor seus problemas. Então, mais uma vez, caberá a cada profissional analisar o grau de confiabilidade do RH de sua companhia para reportar (ou não) suas reclamações.

A isenção é a chave para a confiança
Canais confidenciais (ou anônimos) de denúncia também são estratégias que visam a isenção no tratamento de desvios de conduta e dão suporte para as relações entre líderes e liderados antes que elas se tornem insustentáveis.

Como falamos anteriormente, um avanço recente que tivemos na legislação brasileira foi tornar obrigatória a implantação do canal de denúncias dentro da CIPA, a fim de proteger minimamente os colaboradores em empresas com mais de vinte profissionais.

Os canais de denúncia cumprem parte da agenda de uma governança ambiental, social e corporativa (ESG, do inglês *environmental, social and governance*) tão debatida atualmente e reforçam uma postura mais justa e imparcial buscada pela empresa. Esses pontos de escuta são responsáveis por analisar toda e qualquer evidência de que o código de conduta da organização possa estar sendo desrespeitado.

Dependendo da estrutura implantada, as denúncias podem ser realizadas de maneira confidencial, em que se coleta o nome do denunciante, mas sua identidade é mantida em sigilo, ou anônima, quando não existe identificação de quem denuncia.

O modo de tratamento de cada denúncia também pode variar de empresa para empresa e conta com dois caminhos principais. O primeiro fluxo determina uma centralização da análise em setores como auditoria interna, compliance e jurídico (quando existirem) ou, como ocorre na maioria das vezes, no próprio RH.

A segunda forma de apuração é a distribuída, em que são eleitos líderes de diversas áreas para analisar as denúncias, o que pulveriza a visibilidade das queixas, quando deveriam na verdade ser tratadas com máximo sigilo em um grupo menor de envolvidos.

Um terceiro caminho e que está em franco crescimento no país é a terceirização. Empresas que terceirizam seus canais de denúncia aumentam significativamente a confiabilidade, pois retiram a carga de insegurança da equipe.

Isso quer dizer que 100% dos canais terceirizados são confiáveis a ponto de não passarem informações sensíveis dos denunciantes para os gestores da empresa contratante? Bom, nas terceirizadas sérias, sim.

Outro desafio é que terceirizar o canal não significa terceirizar a punição a ser dada. Se o alto escalão simplesmente não agir após constatação externa de um problema, os profissionais passarão rapidamente a desacreditar na eficácia desse caminho.

Deixando aquelas desconfianças crônicas de lado que teimamos em ter contra as empresas, a criação de um canal confidencial já demonstra a intenção de mudança ou mínima preocupação da companhia com seu time. Esse é o trâmite mais próximo do ideal que você poderá usufruir para denunciar abusos e situações degradantes vindas de seu chefe tóxico. Ao se sentir seguro para fazê-lo, DENUNCIE!

Desenvolvendo a antifragilidade sob uma liderança tóxica

Sejamos transparentes: ser forte não é servir como um saco de pancadas. É trágico ver como a manipulação de certos conceitos tem o poder de inverter e distorcer situações.

Funcionários oprimidos que se sentem culpados por não conseguir cumprir com metas irreais; ótimos profissionais em depressão por acreditarem não serem bons o bastante; e colaboradores fantásticos se sentindo um lixo por terem que sair no horário certo para cuidarem de problemas particulares: acredite, esses são efeitos comuns causados por chefes que dizem para seus subordinados que eles não são "resilientes" o suficiente.

Na física, o termo "resiliente" corresponde à propriedade que determinados corpos possuem de retornar à sua forma original após sofrerem alguma deformação ou choque (por exemplo, a espuma).

Nos últimos anos, a resiliência foi usada para denominar a capacidade dos profissionais de não se abalarem com estímulos negativos e situações adversas no mercado de trabalho, e ela encabeçou por anos a lista das *soft skills* mais requisitadas nas vagas de emprego.

Devido à fama, o conceito tem sido usado de forma inapropriada por líderes tóxicos, servindo como um subterfúgio pelo qual chantageiam seus liderados para mantê-los em eterna dívida com a empresa. É assim que verdadeiras atrocidades acontecem diariamente em nome da "resiliência".

Trata-se de uma tática muito parecida com a armadilha mental provocada pelas redes sociais, em que só enxergamos uma pequena fração da vida de influenciadores que passa uma mensagem fictícia de felicidade infinita, como se as 24 horas de seu dia fossem glamurosas.

Muita gente que navega em perfis que ostentam comidas, viagens e roupas maravilhosas tende a comparar sua vida com aquela fantasia e se frustra ao perceber que nunca conseguirá atingir tamanha perfeição (até porque não existem de verdade).

Mesmo sendo tudo artificial e teatral, essa invasão diária em nossas telas propaga uma sensação de impotência que gera baixa autoestima, a ponto de nos culparmos por não conquistar o mesmo sucesso.

Esse é o mesmo mecanismo utilizado por chefes ruins ao criarem comparações distorcidas e injustas para seus liderados sobre superação e sobre a necessidade de devolver à empresa toda a confiança apostada neles. Como gratidão, cada um dos liderados deveria ser extremamente resiliente, o que envolve virar noites trabalhando e aguentar gritos, xingamentos, apelidos vexatórios e carga excessiva de trabalho — tudo isso em nome da tal habilidade salvadora.

Como é humanamente impossível ter essa devoção ininterrupta à empresa, os funcionários se frustram, achando que poderiam dar um pouco mais de si, e, nesse momento, a manipulação acontece. Nesses casos, ser resiliente é um mote para a exploração predatória de um profissional por seu chefe manipulador.

Usando a antifragilidade para neutralizar e não apenas resistir a chefes ruins
Enquanto a resiliência trata de nossa aptidão de retornar à nossa essência, mantendo-nos os mesmos diante de dificuldades, a antifragilidade seria a habilidade de crescermos após momentos de estresse.

Atuar com antifragilidade é um exercício recorrente, perene e vitalício para os profissionais do século XXI que se veem em ambientes de extrema incerteza e cheio de ruídos de comunicação.

Nassim Nicholas Taleb, vencedor do Nobel em economia, em seu livro *Antifrágil: Coisas que se beneficiam com o caos,* compara a antifragilidade — conceito desenvolvido por ele — com o conto da mitologia grega sobre a Hidra de Lerna, uma serpente cuja capacidade de se regenerar era tamanha que, quando uma de suas cabeças era cortada, ela poderia criar outras duas no lugar.[4]

---

4 Nassim Nicholas Taleb, *Antifrágil: Coisas que se beneficiam com o caos.* Rio de Janeiro: Objetiva, 2020.

E não demorou muito para esse termo substituir a palavra "resiliência" no rol de subterfúgios para que chefes ruins aumentassem significativamente a demanda de trabalho em times extremamente enxutos.

Sob a justificativa da antifragilidade, muitos ambientes se tornaram tóxicos e deram mais poder para que líderes mal-intencionados praticassem desmandos, sugerindo que sua equipe obedecesse calada ou seria rotulada como fraca e vulnerável.

É evidente que nunca foi a intenção de Taleb dizer que você precisa tolerar todas as situações pelas quais passa, principalmente aquelas contornáveis, para aprender algo e se tornar mais forte.

Portanto, é essencial não cair no conto de que ambientes ruins criam uma espécie de provação pela qual você é obrigado a passar para aprender algo e, assim, se tornar mais forte. Desenvolver uma postura assertiva para se impor e neutralizar essas investidas também é ser, de certa maneira, antifrágil, mas sem o ônus provocado pela chantagem transmitida por seu chefe.

Mas como desenvolver tal habilidade para neutralizar um chefe ruim?

Um dos pilares centrais da antifragilidade desenvolvida por Taleb diz respeito a antever e preparar respostas para cenários imprevisíveis, como o funcionamento da cabeça de muitos líderes tóxicos por aí.

Identificar os próximos passos da chefia, desde a tomada de decisões diante de um erro às atitudes adotadas perante situações de confronto ou desconforto, vai prover ao profissional uma caixa de ferramentas mentais para não ser pego desprevenido e acabar desencadeando uma resposta desestruturada que prejudique ainda mais sua relação com a liderança.

Agir com destempero por falta de inteligência emocional já é uma ação imatura que está impregnada no líder tóxico e por isso não deve ser repetida pelo liderado. Voltar para o centro da discussão, buscar resolver o imbróglio e encurtar o debate são estratégias que diminuem o desgaste que seu chefe quer provocar em você.

Diferentemente do sentido dado para a neutralização em ações militares, em que a palavra significa destruir ou reduzir as forças inimigas e abater suas tropas, no contexto corporativo podemos dizer que "neutralizar" é ter a capacidade de anular e tornar inofensiva a ação do outro — no caso, a de seu líder.

Muitas vezes, dizer que concorda com ele não será um ato de covardia, mas de maturidade, consequência da compreensão de que esse tipo de batalha nunca será vencida, já que ter razão é tudo que esse gestor busca.

Simular um ambiente de adversidade e escassez, por exemplo imaginando problemas financeiros na empresa, a falta de recursos para realizar o trabalho ou erros na operação, também nos ajuda a compreender quais serão os próximos passos de um chefe ruim, e assim exercitarmos quais seriam nossas respostas a eles.

Como falamos antes, alguns desses maus gestores podem até aprimorar seu modus operandi, mas a maioria continua agindo sob os mesmos gatilhos emocionais e provocando os mesmos tipos de reação na equipe.

Por isso que o jogo político travado entre a equipe e seu chefe ruim não deve ser encarado como uma competição que visa derrotá-lo, mas sim como uma forma de sair mais forte mentalmente para anular os efeitos negativos causados pelas ações futuras desse gestor.

Exercitar e aprimorar sua aptidão em antever essas situações, buscando soluções mais eficientes, vão acostumando e preparando seu cérebro a agir corretamente quando, de fato, elas ocorrerem.

Aprimorar nossa capacidade de observação é crucial para enxergar o que realmente importa em determinada situação, treinando nosso senso de percepção para encontrar pontos positivos e negativos, oportunidades e riscos — algo que poucos são capazes de fazer. Como treinamento dessa habilidade, sugiro que você conheça o método de análise de obras de arte que foi adaptado para a vida e para o mundo do trabalho por Amy Herman em seu livro *Inteligência visual*.[5]

---

5 Amy Herman. *Inteligência visual: Aprenda a arte da percepção e transforme sua vida*. Rio de Janeiro: Zahar, 2016.

Conheça as emoções de seu chefe e você estará sempre a um passo de distância do sofrimento causado por ele.

Desistir é uma opção?

Pessoalmente, sou um forte crítico de lemas motivacionais superficiais, os quais, de certa maneira, colocam profissionais em risco. Uma dessas correntes temerárias é a de que "desistir nunca é uma opção".

Pintar um mundo ideal, usando casos extraordinários de pessoas que venceram mesmo com todas as adversidades da vida é, no mínimo, imprudente. Discursos que reforçam a ideia de que basta se esforçar para vencer carregam uma ingenuidade que ilude os profissionais para utilizarem o bom senso e o pragmatismo para tomarem suas decisões de carreira.

Não estamos falando da boa perseverança, que nos ajuda a levantar todas as manhãs para enfrentarmos nossos desafios diários, mas de banalizar a discussão de que tudo o que passamos de ruim, inclusive em ambientes tóxicos, é um mero teste de superação.

Mas como seria possível "vencer" em empresas que te adoecem? Levando, quando possível, seu talento para um lugar que o mereça! Isso quer dizer que desistimos daquele desafio? Alguns dirão que sim, mas, se for para considerar sua própria carreira, prefiro dizer que você está sendo sábio em escolhê-la em vez de buscar uma superação que pode nunca existir.

Há muitos profissionais excepcionais que ficam dando murro em ponta de faca, acreditando que as coisas vão melhorar ou que o chefe ruim que estraçalha a saúde mental da equipe um dia vai ser mandado embora. Dessa forma, perdem grandes oportunidades de "desistir" daquela corporação e buscar a felicidade em outro lugar.

Saber o tamanho de seu poder dentro de uma empresa é o que pode definir o quão factível será fazer parte de um movimento que busca mudanças significativas para o clima organizacional e, na maioria esmagadora das vezes, esse poder não é suficiente para transformar a empresa.

Minha intenção aqui não é desencorajar sua crença de que um dia tudo será diferente, mas te dar plena consciência de que, às vezes, a própria companhia simplesmente não quer mudança alguma e essa verdade venha a te frustrar depois.

Pensar em jogar a toalha e desistir de um ambiente ruim não é, de forma alguma, fracassar, e sim dar uma chance para viver novas e, quem sabe, melhores experiências laborais.

Já vi muito chefe ruim, chamando de ingrato quem toma a atitude de deixar a empresa, mas a verdade é que eles estão receosos de que essa decisão acenda uma luz amarela para o restante do time, resultando em uma debandada geral.

Quiet quitting pode ser outra saída?
Nos últimos tempos a internet foi inundada por um termo que chamou atenção de todo mundo: *quiet quitting*, ou "demissão silenciosa".

A partir de desabafos feitos nas redes sociais, principalmente no TikTok, o tema virou notícia no mundo inteiro e abriu uma discussão sobre qual seria a resposta mais adequada que profissionais exauridos por uma rotina de trabalho degradante dariam a seus empregadores.

Ao contrário do que o termo sugere, como "sair de fininho da empresa" ao pedir demissão sem criar alarde, a tal demissão silenciosa é simplesmente a atitude de não fazer nada além de suas atribuições ou ultrapassar o mínimo possível para continuar na empresa.

É preciso ter consciência do que significa "fazer o mínimo possível". No caso do *unpaid job*, ou trabalho adicional, que você não é remunerado para fazer, concordo absolutamente que o funcionário não deve se desgastar com ele. Mas, infelizmente, muita gente acaba entendendo (equivocadamente) que deveria apenas focar as tarefas mais fáceis, evitando pegar novos desafios que ainda seriam de sua alçada, o que resulta em um claro prejuízo profissional.

Jamais defenderei que qualquer profissional se mate de trabalhar para prover o lucro de quem pouco se importa com a equipe, mas é importante alertar que ficar passivo à própria carreira, acreditando que assim punirá a liderança tóxica, é um tiro no pé para oportunidades futuras.

Acontece que a demissão silenciosa nesses termos (fazer além do contratado) não é uma maneira inteligente de "punir" o lugar que te faz mal e que prejudica sua saúde mental. Ao contrário, isso dirá muito mais a seu respeito e como lida com sua carreira do que fazer um protesto à opressão que você e seus colegas passam na mão de chefes ruins.

Na empresa não exercemos funções apenas que geram resultados para acionistas e a alta direção, crescemos e aumentamos o leque de nossos conhecimentos e de networking para nosso próprio BEM.

Desenvolver essas habilidades te abrirão portas para que, no futuro, possa tomar uma decisão prática de pedir demissão ao encontrar uma oportunidade melhor. Isso não acontecerá se você ficar apenas fazendo o "trivial" de suas tarefas. E, quando falo em fazer "além", não é em benefício da empresa, mas pensando diretamente em seu crescimento como profissional.

Contudo, o *quiet quitting* não seria uma boa estratégia para evitar a síndrome de burnout? Tenho minhas dúvidas. Esse distúrbio, que está associado principalmente ao excesso de trabalho e à dinâmica disfuncional entre o trabalhador e suas demandas, precisa ser analisado e enfrentado em seus diversos contextos.

Nesse posicionamento de enfrentamento, é preciso ter um debate aberto com a empresa sobre o equilíbrio dessas demandas e não uma FUGA do problema pelo profissional como sugere a demissão silenciosa.

Aliás, deixar de fazer uma demanda não a fará desaparecer. Ao contrário, ela vai se acumular até ser despejada injustamente em outro colega que também poderá ser acometido por burnout ao assumir tarefas deixadas por quem fez a tal demissão silenciosa.

Para piorar a situação, quem disse que se você fizer *quiet quitting* a empresa não vai te punir? É preciso compreender que a demissão silenciosa não é tão silenciosa assim. É pouco provável que a liderança (principalmente a tóxica) não perceba rapidamente que um liderado esteja se valendo dessa artimanha. E, se o profissional fizer isso porque entende que precisa punir a empresa por ela ser má com ele, é muito provável que a organização não tenha nenhum pudor de retaliá-lo ou simplesmente o demitir.

Porém, o pior ainda pode vir a acontecer: será que a reputação externa desse colaborador não ficará manchada com essa postura? Ser rotulado como um profissional não recomendável e, por consequência, deixar de ser CONTRATADO por uma nova companhia não é algo que você ou qualquer outro profissional busque.

A verdade é que o jogo corporativo precisa ser jogado com inteligência, sempre pensando no longo prazo. A melhor forma de mostrar para uma empresa ruim que ela não te merece como profissional é ser contratado pela concorrência, fazendo com que seu antigo local de trabalho sinta SAUDADES suas.

Fazer a demissão silenciosa de forma equivocada é deixar sua carreira estacionada em vez de assumir as rédeas de suas escolhas. Cuidado!

 Ao desistir de uma empresa que te faz mal, você não sai derrotado, e sim mais maduro e com conhecimento do que está ou não disposto a tolerar.

6

QUEBRANDO O CICLO

Preparando a liderança para ser à prova de toxicidade

Agora que atravessamos e sobrevivemos ao campo dominado pelas lideranças ruins, chegou o momento da redenção. Você já pode tirar a máscara de gás e respirar com alívio. A seguir entraremos no terreno oposto ao tratado até aqui, pois falaremos sobre boas práticas de gestão que foram aplicadas e comprovadas por grandes líderes com quem tive o privilégio de conviver ao longo de minha carreira.

Reunir histórias vencedoras de liderança talvez fosse a parte mais fácil deste trabalho, afinal acessei muitos mestres que me ensinaram que, para sermos bons líderes, é necessário sermos bons liderados, baseando nossa trajetória por meio de preceitos éticos na corporação — e principalmente na vida.

Em uma dessas ocasiões mágicas de aprendizado, lembro como se fosse hoje quando escutei um dos ensinamentos mais instigantes e edificantes de Rodrigo Galindo, então CEO da maior empresa de educação do país e a quem respondi diretamente por anos: "Você tem certeza de que é um líder de verdade quando forma um novo líder melhor que você".

Ele não poderia estar tão certo. O maior patrimônio de um bom líder é espalhar suas sementes do bem, formando novos líderes que também combaterão a toxicidade nas empresas com justiça e empatia.

Portanto, liderar é, acima de tudo, um trabalho que envolve empatia. Envolve servir, e não ser servido. Compartilhar, e não reter conhecimento. Compreender que nossa presença na posição de liderança é algo circunstancial e que não somos donos do time, apenas parte dele. É como na frase atribuída a Simon Sinek: "Um líder ruim vai te dizer quantas pessoas trabalham para ele. Um grande líder vai te dizer para quantas pessoas ele trabalha".

Quando nos tornamos líderes, o compromisso central deve estar na perenidade da empresa, garantindo sua sobrevivência por meio de resultados sustentáveis, e isso só é possível quando você constrói novas gerações para assumi--la no futuro, no momento em que nenhum de nós estará mais presente.

Durante meus vinte anos de vida corporativa, esse foi meu lema. Aflorar a liderança interna, enaltecendo e potencializando talentos sem me preocupar com "concorrência", afinal eu só cresceria e assumiria desafios maiores se houvesse pessoas preparadas para assumir meu posto atual.

Um desses profissionais que tive a honra de acompanhar a trajetória de perto foi Leônidas Thobias Barboza, diretor de projetos na Cogna Educação, uma versão evoluída da cadeira que ocupei anos antes, na mesma companhia.

É sempre motivo de orgulho saber que direta ou indiretamente cumpri meu verdadeiro papel de formar sucessores. E é natural contar a história de liderança do Leônidas como pano de fundo para traçar os quatro cuidados primordiais ao se tornar líder que apresentarei a seguir, pois a jornada dele ressalta a importância do desenvolvimento de técnicas próprias de gestão.

Afinal, Leônidas aprendeu que não deveria ser como o Eberson, mas aprender com meus erros para evitá-los com seu próprio time no futuro.

1 - Me tornei líder, e agora?

Assim como foi um dia para o Leônidas, liderar é o sonho de muita gente. Muitos profissionais excepcionais dedicam boa parte de seu tempo para estudar visando, um dia, serem convidados a ocupar uma cadeira oficial de liderança.

Ao chegar lá, a maioria esmagadora sabe exatamente aquilo que importa para os funcionários e tenta imprimir uma atuação dedicada a evitar repetir os problemas que lhe causaram sofrimento enquanto era liderado.

Apesar da boa-fé, a liderança é como um cavalo arredio a ser domesticado, e muitos não compreendem todas as variáveis envolvidas na gestão de pessoas. Equilibrar expectativas e frustrações, por exemplo, talvez seja a mais importante delas.

Nem sempre será possível manter todos os pratinhos rodando sem parar, como fazem os malabaristas, porque existem expectativas antagônicas que jamais serão simultaneamente saciadas.

É natural na rotina de todo líder ter que encarar situações de frustração. Imagine manter um time inspirado mesmo quando no momento não se pode dar um aumento salarial merecido ou quando precisa repactuar prazos de entrega, com pares, pois sua equipe teve uma queda acentuada de performance com sua chegada. Extremamente difícil, concorda?

Por essas e outras que liderar vai além de estudar previamente as infinitas metodologias existentes por aí. Elas são importantíssimas para aumentar seu repertório teórico na hora de estruturar planos e mediar conflitos, mas não refletem o ambiente em que você está inserido. Logo, usar fórmulas prontas de liderança sem olhar o contexto se torna o primeiro erro imperceptível que você precisará evitar.

As receitas de bolo que são comprovadamente benéficas para ambientes de trabalho foram testadas e aplicadas em contextos que nem sempre se assemelham àqueles nos quais vivemos, principalmente quando são importadas de fora para o Brasil. Eu, particularmente, já caí nesse tipo de equívoco ao tentar implantar goela abaixo a metodologia de gestão de projetos do Project Management Institute (PMI) em uma empresa que estava em franca expansão e com um ritmo acelerado demais para diversas burocracias exigidas. É claro que não deu certo. Só depois de calibrarmos o que fazia sentido, pegando o que era necessário para a companhia e jogando fora os excessos que a coisa engrenou.

Então, você pode utilizar diversas teorias de gestão, mas nenhuma delas será totalmente replicável a contento sem ser ajustada ao time e à empresa. Aliás, nem metodologia, nem a tentativa de imitar um líder anterior.

Tenha em mente que, na maioria das vezes, você assumirá uma posição já existente, portanto, ocupada antes por outro líder que esteve ali, com seus acertos e erros, prejulgamentos e problemas de relacionamento, os quais você não precisa (e nem deve) replicar, e sim compreender para tomar suas próprias decisões.

As relações interpessoais são construções individualmente peculiares, e esse fator não pode ser deixado de lado. Seria ingenuidade imitar frases, brincadeiras e/ou formas de cobrança de um líder que convivia em plenitude com seu time. A intimidade dessas relações entre líder e liderado conta muito para se estabelecer no tempo certo um método eficaz de gestão sem ser confundido com uma caricatura de chefes anteriores.

Mais uma vez, aqui entra o equilíbrio de expectativas e frustrações. Nenhum liderado que recebe um novo líder estará à vontade em manter o papo descontraído como tinha antes, pois não existirá o mesmo nível de intimidade com quem está chegando. Pelo menos, não ainda.

A inquietação estará concentrada em questões mais imediatas como: se a autonomia de antes será mantida, se haverá justiça no tratamento, se a equipe estará protegida de julgamentos levianos e, o mais relevante e complicado de lidar, se promessas e combinados antigos serão mantidos e cumpridos pela nova gestão.

Passei por inúmeras situações como essas. Assumir a liderança de times inteiros em que o chefe anterior havia prometido mundos e fundos, como aumentos, horários diferenciados de trabalho, novos cargos, melhoria de bônus, folgas periódicas fora das regras da empresa e por aí vai.

Nem sempre será possível honrar compromissos firmados anteriormente, e isso com certeza gerará frustração, já outros, menores e plausíveis, poderão ser negociados e mantidos para ganhar a simpatia da equipe.

Nesse contexto, quero demonstrar que a liderança é uma circunstância individual, intransferível e baseada na profundidade dos relacionamentos a serem estabelecidos com seus liderados. Você pode se inspirar em alguém, mas nunca o imitar. Seu modo de gerir expectativas e contornar frustrações não está escrito em nenhum livro, e o segredo será deixar claro para a empresa e os liderados que você não é uma cópia de quem esteve naquela cadeira antes, pois o cenário no qual estará exposto é completamente diferente.

Ao mesmo tempo, não é salutar querer mudar tudo de uma vez, tampouco implantar seus métodos em uma cultura preestabelecida sem antes criar pontes e aumentar sua intimidade com o time.

O caminho é adaptar a liderança ao ambiente, e não tentar mudá-lo imediatamente. Na ânsia de fazer o que acha correto, muitos líderes de primeira viagem são rotulados de arrogantes antes mesmo de completarem uma semana na posição, por ignorarem essa construção prévia de relações.

A experiência de Leônidas em sua primeira jornada como líder formal na equipe em que ele foi anteriormente colega de seus liderados demonstra isso: "Antes mesmo de ocupar um cargo de liderança formal, eu já exercia uma influência positiva sobre meus pares por meio de comportamentos de liderança informal, porém, ao se tornar líder de ex-colegas, a coisa muda de figura. O desafio passou a ser estabelecer um novo modelo de comunicação sem perder a parceria que construímos quando éramos pares. A relação mudaria, é claro, mas eu não poderia deixar nossa proximidade de lado, era preciso usá-la a meu favor", conclui ele.

2 - Não trate pessoas como números

Quem ocupa posições oficiais de liderança sempre será cobrado para saber satisfazer dois senhores ao mesmo tempo, o mercado e o time.

No processo de gestão é necessário racionalizar o trabalho, inserindo metas e controles para atingir certo objetivo da empresa e para realizar uma boa entrega ao cliente final. Muitas vezes, a pressão por alcançar resultados desconcerta um novo líder, que passa a dedicar boa parte de seu tempo em coordenar a distribuição de atividades e conferir se elas foram realmente cumpridas, esquecendo-se de outras atribuições relevantes com o time.

Liderar também envolve potencializar talentos, desenvolvendo pessoas e concedendo autonomia, mas, como essa construção leva mais tempo para apresentar resultados, muitos chefes a deixam de lado para manter o foco apenas em fazer "gestão", ignorando a ação de fazer "liderança".

Esse atalho parece coerente, pois o "lado gestor" do líder pensa em cumprir à risca os compromissos firmados junto à alta direção. Focado na operação, ele se distancia da verdadeira liderança, que deveria se dedicar também ao amadurecimento da equipe a fim de potencializar suas entregas no longo prazo.

Tratar os profissionais do time como meros executores que não têm nada a agregar, tampouco considerar que eles apresentam pensamento crítico e criativo, é reduzir suas potencialidades a números, e estes sempre serão frios.

Ao "quantificarmos" pessoas, estabelecemos uma visão míope e voltada para a entrega do hoje, e não para a curva de desenvolvimento que poderá, no futuro, trazer ainda mais resultado com talentos preparados para os novos desafios que surgirem.

Se o líder simplesmente distribui igualmente as tarefas ordinárias sem conhecer os talentos extraordinários que cada indivíduo possui, fatalmente cairá na armadilha de querer nivelar todo mundo ao mesmo patamar de quem naquele momento performa melhor, fechando-se para novas ideias que poderiam trazer propostas até mais eficientes que o procedimento feito atualmente.

Ficar apenas nesse campo de atuação, chamado muitas vezes de "gestão à vista", traz uma consequência negativa para o processo de maturidade dos liderados: a tendência de manter o foco na correção de pontos fracos e não na potencialização dos fortes.

Ao exigirmos que profissionais desenvolvam habilidades de que não gostam ou nas quais não são tão bons, deixamos de explorar suas virtudes já desenvolvidas, perdendo um tempo precioso que poderia ser investido em tarefas que esses indivíduos têm mais facilidade e maestria ao realizar.

É como ter LeBron James, Messi e Tom Brady no time, mas exigir que todos joguem basquete muito bem: os outros nunca chegariam ao nível de LeBron e ainda perderiam a chance de ajudar naquilo em que realmente são excepcionais.

Encontrar os melhores lugares para os melhores talentos de seu time foi o que Leônidas fez ao desenvolver seu processo de liderança. Buscou criar um ambiente que encorajasse a aprendizagem contínua e oferecia feedback construtivo, a fim de não apenas reter talentos, mas promover uma cultura de excelência em busca das melhores oportunidades para que cada colaborador se destacasse à sua maneira. O método utilizado por Leônidas foi o da experimentação via *job rotation* (rotação de papéis dentro da equipe), cujo objetivo é analisar o desempenho dos profissionais do time em atividades diferentes a fim de identificar potenciais talentos para cada uma das demandas. De acordo com a atividade que os membros do time mais gostavam e se sentiam valorizados ao fazer, o líder os realocava nas posições que renderiam mais.

Já líderes que se furtam em buscar novas soluções para desafios conhecidos acabam estabelecendo um limite medíocre para todo o time em vez de fornecer condições de os liderados extrapolarem o status quo.

3 - Seja um líder positivo que saiba escutar

Quando focamos o desenvolvimento de pontos fortes de nossos liderados, estamos exercendo, mesmo que de maneira inconsciente, a liderança positiva. Baseada na psicologia positiva, movimento capitaneado por Martin Seligman e outros estudiosos, esse método de gestão de pessoas aplicado no ambiente corporativo se vale dos mesmos conceitos do campo da ciência psicológica.

Sustentada por uma visão otimista, ela busca reforçar o bem-estar do ser humano, identificando e dando foco em suas potencialidades. Abraçar as aptidões naturais de cada indivíduo é aproveitar capacidades que não seriam normalmente desenvolvidas em empresas ansiosas por resultados de curto prazo.

A liderança positiva tem preocupação genuína com a felicidade do profissional no ambiente laboral, até porque entende que existe uma correlação entre sua satisfação interna com o desempenho apresentado no trabalho.

Quando vemos muita gente infeliz nas empresas, é bastante provável que estejam envolvidas em atividades tediosas e enfadonhas que não exploram seu talento nem promovem um desafio que as motivem.

Se cabe ao líder conhecer profundamente os membros de sua equipe para tratá-los de forma personalizada, reconhecendo seus diferenciais de modo que eles sejam por completo utilizados no trabalho, será necessário desenvolver a escuta ativa.

Sei que esse tema está na boca de todo mundo e é reforçado diariamente por aí, mas será que os líderes realmente sabem como utilizar essa ferramenta? Afinal, não se trata de apenas dar atenção e demonstrar interesse ao que o liderado fala, mas usar tais informações para ajudá-lo a chegar a sua máxima potência.

É muito comum assistirmos em sessões de *one-on-one*, aquelas entre líder e um liderado, os chefes dando seus feedbacks e fazendo um acompanhamento de metas individuais dando pouco espaço para a fala do outro.

Essa ausência de abertura é o que faz líderes ansiosos rotularem pessoas sem a devida compreensão sobre o que pode estar acontecendo com elas, se estão bem física e mentalmente, se o trabalho que desempenham é minimamente desafiante, se suas melhores *skills* estão sendo aproveitadas pela empresa e por aí vai.

Líderes que buscam oportunidades diversas para seus colaboradores, testando-os em inúmeras frentes de trabalho para extrair o máximo de performance que podem oferecer, exercem o que chamamos de "intraempreendedorismo", ou seja, estão empreendendo proativamente dentro das empresas onde trabalham.

Tentar emular a situação do liderado, sentando-se virtualmente em sua posição para sentir o que ele está sentindo, é um dos princípios da escuta ativa. Valer-se da empatia vai além de compreender suas angústias laborais, é promover um plano para encontrar atividades em que ele renderia mais. Essas são variáveis importantes para não estabelecermos um sarrafo de metas tão alto e irreal como se todo mundo, todos os dias, trabalhasse em máxima rotação. Seja exigindo altíssimo desempenho em tarefas para as quais os liderados não têm total aptidão para executá-las ou, pior, naquelas tão naturais que se tornaram desinteressantes e que não trazem desafio algum.

Experimentar o *job rotation* como Leônidas fez é uma boa maneira de avaliar aptidões ainda não descobertas do time e, ao mesmo tempo, aliviar o sentimento de estafa por realizar atividades repetidas e que não estimulam mais quem as desenvolve.

Foi exatamente o que aconteceu com Leônidas ao ser testado pela primeira vez na liderança informal. Visando descobrir seus talentos na gestão de pessoas, alçamos Leônidas à gestão de um projeto específico, em que ele demonstrou saber cultivar um ambiente onde a equipe pudesse prosperar, permitindo que seus pares na época inovassem e se sentissem valorizados. Valendo-se de uma postura de cooperação, Leônidas buscou não apenas democratizar a tomada de decisão, permitindo que todos opinassem sobre os passos que seguiram, como desenvolveu um método próprio de ranqueamento de prós e contras das decisões para que cada membro do time pudesse compreender na prática porque seguiriam para um caminho ou para outro. Essa transparência enquanto ocupava o papel de facilitador foi crucial para enxergarmos a capacidade de Leônidas.

Do mesmo modo, se sua líder na época — só depois que ele foi crescendo na hierarquia é que virou meu liderado direto — não ousasse e testasse seu talento na prática, estimulando-o a fazer mais do que o trabalho que já desenvolvia, Leônidas não teria oportunidade de provar seu potencial e trilhar o caminho até a diretoria de uma empresa S.A.

4 - Busque inspiração em quem faz a diferença e "roube" suas ideias

Nenhum líder, por mais experiente que seja, está totalmente pronto para liderar um ambiente novo e desconhecido. Quando se assume a posição de liderança, as relações existentes até então mudam, assim como as responsabilidades, e a tomada de decisão passa a levar em conta novos fatores.

Ousar e desenvolver um estilo de liderança personalizado para cada equipe é um ato corajoso, mas imprescindível. O ato de liderar não é estanque e imutável, e, se você não sentir certo frio na barriga em um novo desafio, estará subestimando seus liderados, já que ainda não conhece as relações e as dinâmicas internas preexistentes antes de sua chegada.

Adaptar seu método à equipe e ao meio em que está inserido é tão importante quanto qualquer outra responsabilidade que você herda ao chegar à posição de líder. Isso não quer dizer que você vai simplesmente apagar todas as boas referências de liderança que experimentou ou assistiu ao longo da carreira, como se fossem inválidas para o novo contexto.

Sem dúvida alguma, todo aprendizado, seja na vivência prática, seja na observação, servirá como uma caixa de ferramentas para você montar o próprio método de conduzir seus times. Porém, esses aprendizados precisam ser calibrados para sua realidade.

O maior erro de um líder novato é tentar normalizar relações ainda inexistentes e sem construção prévia, como se houvesse intimidade para tal. É óbvio que agir assim vai soar artificial, soberbo e principalmente maquiavélico. As pessoas não são ingênuas a ponto de não perceberem suas intenções. Sabem que você depende delas para desempenhar um bom trabalho como gestor.

Como disse antes, inspirar-se não é copiar. Tentar imprimir as mesmas rotinas de comunicação de um grande líder que nos inspira é uma coisa, plagiar tom de voz ou querer se passar por amigo de alguém que você mal conhece é algo que afasta o liderado em vez de aproximá-lo.

É natural buscarmos uma zona mais confortável de atuação, pegando referências em boas práticas de nossos próprios líderes ou em pessoas que admiramos, mas é preciso ter sabedoria ao usá-los em nosso cotidiano.

Nas primeiras páginas do livro *Roube como um artista*,[1] o autor Austin Kleon desmitifica o mundo da criatividade, reforçando que tudo o que poderia ser criado já foi feito e que vivemos em um mundo de transformações dessas ideias previamente inventadas.

Em uma das menções que recheiam a obra, ele traz a reflexão de T.S. Eliot que é plenamente aplicável ao contexto de liderança: "Poetas imaturos imitam, poetas maduros roubam, poetas ruins desfiguram o que pegam e poetas bons transformam em algo melhor, ou pelo menos diferente".[2]

Mais adiante ele consolida seu pensamento dizendo que o importante não é roubar o estilo de alguém, mas o pensamento por trás desse estilo. "Você não quer parecer os seus heróis, você quer enxergar como eles",[3] conclui.

Internalizar a maneira com que as pessoas que admiramos enxergam o mundo, os problemas e os desafios corporativos nos ajudará a criar nosso próprio modelo de liderança, sem perder a essência da inspiração, mas juntando-a as nossas próprias convicções.

Além disso, não devemos nos restringir a apenas uma fonte de ideias. Quando ficamos restritos a admirar só um profissional, somos comparados a ele. Se nos inspiramos em muitos, seremos rotulados como criativos, por termos "criado" algo novo que junta o que já existe de bom em diversos modelos conhecidos.

Foi trilhando seu próprio caminho, desenvolvendo as pontes necessárias para ser visto como um profissional único, que Leônidas pavimentou sua carreira passando por todas as etapas de evolução na empresa, até se tornar diretor. Ele se inspirou em diversas pessoas, dentro e fora da compa-

---

[1] Austin Kleon. *Roube como um artista: 10 dicas sobre criatividade*. Rio de Janeiro: Rocco, 2013.
[2] Ibid., p. 8.
[3] Ibid., p. 38.

nhia, teve mentores com perspectivas e ideias diferentes e enfrentou os mais variados desafios e problemas com seus liderados. Tudo isso permitiu que ele criasse sua própria concepção de liderança.

Com certeza o Leônidas de hoje, anos depois de seguirmos caminhos profissionais diferentes, continua evoluindo suas técnicas com novas inspirações que não são mais as minhas, e isso é muito bom. Como tudo está em constante mudança e evolução, o contexto no qual ele vive hoje como diretor é completamente diferente daquele de quando lhe passei o bastão.

Sem dúvida a trajetória do Leônidas nos mostra como adaptar o estilo de liderança, desenvolvendo e evoluindo técnicas, pode te levar a cargos de extrema visibilidade, caso essa também seja sua vontade.

A história dele demonstra na prática a aplicabilidade desses instrumentos para profissionais que estão inseridos em empresas de médio e grande portes. Mas será que essas mesmas estratégias de adaptação seriam exitosas dentro de uma companhia que acabou de nascer e sendo aplicadas pelo próprio CEO?

 Tratar os profissionais do time como meros executores é reduzir suas potencialidades a números. E estes sempre serão frios.

Inúmeros caminhos, mas apenas um levará ao sucesso: o da humildade!

Com certeza empreender é um cenário completamente diferente daquele de quem é celetista ou prestador de serviço em empresas de terceiros. Além da grande coragem em começar um negócio do zero, com todas as incertezas que nos rodeiam, iniciar sua própria companhia exigirá habilidades adicionais, mas também as mesmas de qualquer outro líder.

Se você está navegando nesse desafio ou busca empreender no futuro, saiba que boas práticas de liderança ganham contornos ainda mais relevantes quando tratamos de um negócio pessoal. Convenhamos que liderar sua empresa ainda possui o agravante de colocar em risco o próprio investimento.

Por esse motivo este livro não estaria completo se não falássemos da liderança pela perspectiva do empreendedor, considerando as diversas fases de evolução de seus times, que nascem pequenos e crescem à medida que a empresa vai ganhando robustez.

Um dos casos mais emblemáticos de crescimento e consolidação no mercado por meio de uma liderança adaptativa é a Revvo, uma empresa de educação corporativa capitaneada por Richard Uchoa.

Acompanho a história da Revvo há alguns anos e sempre me surpreendo com seu modelo de liderança empática. Segundo Uchoa, CEO e fundador da companhia, essa versatilidade foi conquistada após ele aprender com seus próprios erros de gestão ao longo do tempo.

A empresa, atualmente com cerca de duzentos funcionários e mais de uma década de história, foi logo impulsionada depois de sua criação. Em 2013, um ano após sua fundação, veio a primeira onda de rápido crescimento: a organização passou de quatro para sessenta colaboradores em poucos meses.

"Nessa época, quando éramos pequenos, o método de gestão e liderança funcionava bem, mas, com o crescimento acelerado e uma equipe muito maior, vimos que ele não se sustentava. Foi necessário repensar toda a empresa e, principalmente, me repensar como gestor e líder", disse Richard em um de nossos bate-papos.

O crescimento traz o sentimento de que as coisas estão indo para o lugar certo. Mas, além da satisfação e do entusiasmo que enchem os olhos e alimentam sonhos ainda maiores, ele também apresenta novas dores que precisam ser tratadas para não se tornarem perigosamente mortais para a empresa.

O crescimento desestruturado da época escancarou dificuldades em gerir o time que só seriam superadas se fossem trabalhadas por uma liderança humilde em reconhecer seus *gaps* e repensar o formato de gestão exercido, focando algo escalável e saudável a longo prazo. Assim, a tomada de decisão da Revvo àquela altura foi de frear o crescimento e reduzir novamente o quadro.

Richard e seus sócios deram esse passo atrás para se prepararem melhor. Nos próximos anos, o time que inchou de maneira desenfreada até alcançar sessenta colaboradores foi reduzido para dezoito e assim permaneceu por algum tempo. Nesse período, o CEO procurou apoio e mergulhou em cursos ao redor do mundo para aperfeiçoar ainda mais seu método. Ciente das necessidades que seu negócio apresentaria com a dor de um novo crescimento, Richard se preparou para conduzir a empresa a outro patamar. Apesar de mais enxuto, o time estava mais produtivo e entregando mais resultados, colhendo os frutos do novo modelo de gestão.

Em 2020, quando a pandemia de covid-19 assolou o mundo e nos levou ao isolamento, a Revvo ganhou notoriedade pela qualidade de sua plataforma de produtos e serviços, retomando assim sua trajetória de crescimento, mas dessa vez, consciente do processo inevitável de metamorfose na liderança em cada nova fase.

Em apenas três anos, o time voltou a crescer, indo de dezoito para duzentos colaboradores, mas dessa vez todos em casa, na modalidade home office, por causa da pandemia, o que trouxe novos desafios, novos aprendizados e novas necessidades de adaptação.

Fica evidente, nesse breve relato sobre a história da Revvo, a importância da evolução constante dos líderes empreendedores, comprovando mais uma vez aquela máxima de que "o que deu certo até aqui pode não servir para o dia de amanhã".

Para Richard, a virada de chave foi compreender que as receitas de bolo que o mercado tanto preza precisam ser testadas e adaptadas ao contexto, corroborando o que falamos anteriormente no cenário de líderes intraempreendedores.

A seu ver, a experiência frustrante de reduzir a equipe gerada pelo equívoco gerencial ajudou a cristalizar aprendizados importantes para evitar que essa situação voltasse a ocorrer no futuro.

Para ele, três grandes ensinamentos foram incorporados e hoje fazem parte do rol de valores da empresa: (1) equilíbrio cobrança × empatia; (2) cascateamento da autonomia e suporte; e (3) harmonia cultural.

A seguir detalharei um pouco mais esses três pilares, traçando um paralelo entre a experiência da Revvo com o cenário que você pode encontrar ao longo de sua própria trajetória:

1 - Equilíbrio cobrança × empatia

Quantas empresas acreditam, de verdade, que o bem-estar da equipe eleva seus resultados? Parece contraintuitivo, mas, mesmo compreendendo a necessidade de impor metas financeiras para garantir a sobrevivência de uma companhia em cenários cada vez mais desafiadores, sempre existirá espaço para o cultivo da empatia.

Ser empático não é ser submisso a todas as vontades do outro, mas colocar seu ponto de vista sob a perspectiva do que ele está sentindo. Poucos líderes se preocupam em compreender o que leva a queda de desempenho de um liderado. A maioria ainda acredita que não deve se envolver emocionalmente com o time, porém a falta de transparência e informação acaba criando julgamentos equivocados sobre eventuais problemas que os funcionários enfrentam.

Richard acredita, assim como eu, que o líder de sucesso terá melhores resultados se for empático com seus liderados. "O líder precisa entender que seu colaborador é um ser humano, com uma vida pessoal, e terá seus problemas. É papel do líder gerenciar isso. Ele não pode ignorar ou falar para a pessoa resolver suas questões sem dar o apoio necessário", alerta o empresário.

Ter uma relação profissional, mas também empática, com seus liderados pode ser revertida a favor do líder. A equipe satisfeita passa a compreender melhor as necessidades do gestor, afinal os colaboradores se solidarizam e passam a entender as pressões e os desafios que ele recebe da alta gestão da empresa.

Acolher o liderado, até mesmo em seus anseios privados que possam vir a impactar seu resultado, é criar um laço de confiança mútua para que, no futuro, o próprio profissional tenha a mesma atitude de compreensão e apoio à empresa quando ela precisar.

Por sua vez, é preciso relembrar que liderar de forma empática não é sinônimo de passar a mão na cabeça e aceitar a baixa performance dos funcionários, mas ter métodos corretos de apuração para demitir de forma justa quem não faz o combinado e não prejudicar e ser injusto com quem se dedica de verdade à empresa.

2 - Cascateamento da autonomia e suporte

Um dos problemas enfrentados na ocasião relatada por Richard e que levou ao enxugamento do time foi, por incrível que pareça, a concessão da autonomia. Ao permitir que os colaboradores pudessem conduzir todos os aspectos de seu trabalho, a empresa percebeu que alguns não tinham maturidade suficiente e acabavam por não fazer bom uso da grande responsabilidade que carregavam.

Esse ativo cada vez mais valorizado por empresas e funcionários precisa ser tratado com zelo e cuidado para não ser entendido, de forma equivocada, como um "faça o que quiser".

Empresas são entidades com propósito e objetivos específicos — até as companhias sem fins lucrativos necessitam de algum tipo de organização. Não estamos falando de rigidez que cerceia a liberdade criativa dos profissionais em seu trabalho, mas também não é possível liderar no outro extremo, em um ambiente completamente anárquico.

Na Revvo, foi necessário repactuar e reestabelecer limites para que a autonomia fosse aplicada em sua plenitude e com senso de responsabilidade para não levar a empresa à falência. Como antídoto, um processo de suporte do tipo "sênior para pleno para júnior" foi estabelecido.

Dada essa dicotomia de maturidade individual entre os membros da equipe, foi preciso reorganizar a empresa, saindo de um modelo totalmente horizontal, em que cada um respondia por suas tarefas, para *squads* autônomas focadas no desenvolvimento dos colaboradores mais jovens.

Com a nova estrutura implantada, o cascateamento da autonomia, que continuou presente em todos os níveis, passou a ser acompanhado e dosado com o apadrinhamento de profissionais mais sêniores para dar suporte aos mais júniores, de acordo com a maturidade de cada indivíduo.

Esse processo nos mostra a importância do suporte para evitar dois desvios comuns em equipes com alto grau de liberdade: a imprudência e a naturalização do erro.

A imprudência, pois nem sempre um profissional está maduro suficiente para avaliar os riscos de suas ações e passa a agir com destemor, acreditando que não cometerá erros. Essa empáfia ilude e cria uma displicência prejudicial ao desenvolvimento do colaborador e da empresa.

E a naturalização do erro porque, se profissionais maduros munidos de alta autonomia costumam refletir e corrigir sua rota de atuação, os imaturos tendem a relaxar.

No caso da Revvo, a concessão de autonomia acompanhada de suporte criou um ciclo virtuoso e escalável que visa ajudar os novatos a amadurecer mais rápido e da maneira correta, evitando exposições e erros desnecessários.

3 - Harmonia cultural

Manter uma cultura organizacional forte sempre será desafiador, e até nesse quesito a Revvo surpreendeu. Enquanto a maioria das empresas está retomando escritórios físicos sob a justificativa de garantir a unicidade e coesão de suas culturas, Richard apostou na digitalização completa, com 100% do time trabalhando remotamente, para chegar ao mesmo objetivo. A pandemia forçou a atitude da Revvo de ir para o remoto, mas pós-pandemia, a empresa decidiu se manter assim de forma definitiva. No final de 2023, ela entregou de vez seu escritório.

Segundo o CEO, a cultura não é desenvolvida apenas pela presença e pela troca física entre os funcionários, ela transborda para os rituais digitais, para o método de acolhimento que a empresa dá aos novos integrantes e principalmente na rápida detecção de atores que não compartilham dos mesmos valores corporativos, portanto sem *fit* cultural.

Tomar a decisão de aplicar o home office em todas as posições da empresa implicou em repactuar a autorresponsabilidade com os colaboradores. Permitindo que cada um demonstrasse sua maturidade ao organizar sua rotina, tendo como contrapartida a liberação das horas gastas com o deslocamento, a empresa conseguiu reforçar sua cultura baseada na autonomia individual com o suporte dos mais experientes.

Inclusive, a postura de auto-organização para o uso responsável do home office dos líderes, repetida em toda e qualquer ocasião digital, passou a ter caráter de exemplo, sendo cascateada como pilar cultural da companhia, assim como já acontecia com a autonomia.

Dar o exemplo, exercitando um rol de comportamentos desejados, garante que as pessoas em todos os níveis hierárquicos sejam impactadas e passem a reproduzir com os mais jovens o mesmo zelo que elas absorvem de seus superiores, retroalimentando a harmonia cultural.

Valores como a transparência também auxiliam na manutenção de uma cultura harmônica, pois é na transmissão da verdade que a confiança se espalha, fortalecendo os laços entre colaboradores e mostrando que eles têm liberdade para expor o que quiserem.

"Escutar as pessoas e divulgar os motivos por trás de cada decisão. Não ter medo de explicar em detalhes algum acontecimento, até os mais duros, como a demissão de alguém do time, acaba aproximando a equipe, pois os funcionários passam a compreender melhor as razões que levaram a empresa a tais ações", conclui Richard.

 Você só atinge a alta performance com autoconhecimento, autorrespeito, autocuidado e, principalmente, autonomia!

Liderando em alta performance

Você se sentiria valorizado e mais feliz se sua empresa te presenteasse com um apartamento? Oi? Isso mesmo que você leu: um apartamento novinho em folha como gratificação por sua performance.

Essa foi a maneira que a construtora Maybelly, responsável por empreendimentos imobiliários na costa de Santa Catarina, surpreendeu cerca de 35 funcionários no início de 2024, com a notícia de que eles seriam contemplados com um apartamento no mais recente prédio construído pela empresa na cidade de Itapema.

Colaboradores de todas as áreas da empresa, do jurídico ao comercial, do RH à engenharia, experimentaram uma maneira inusitada de receber tamanho benefício pelo trabalho desempenhado.

Essa história surpreendente é, sem dúvida alguma, uma enorme exceção. Nem sempre nossos empregadores terão condições de renunciar parte de seu caixa, lucro ou patrimônio para uma distribuição como essa.

Mas, mesmo que não seja possível oportunizar algo tão relevante aos funcionários, essa notícia nos deixa um aprendizado importante: a felicidade e o sentimento de valorização precisam estar presentes no ambiente de trabalho.

Em março de 2023 o Índice de Confiança Robert Half, estudo que revela as perspectivas de contratação e as expectativas atuais do mercado de trabalho, trouxe em sua avaliação trimestral,[4] que monitora o sentimento dos profissionais qualificados, uma informação que corrobora a importância da motivação no ambiente de trabalho: 89% das empresas

---

[4] Robert Half. "Índice de Confiança Robert Half indica pessimismo na primeira edição de 2023". Disponível em: <https://www.roberthalf.com/br/pt/sobre-robert-half/imprensa/indice-de-confianca-robert-half-indica-pessimismo-na-primeira-edicao-de-20231#:~:text=Na%20primeira%20edi%C3%A7%C3%A3o%20de%202023%2C%20o%20indicador%20consolidado%20para%20a,mas%20ainda%20do%20lado%20pessimista>. Acesso em: 13 ago. 2024.

entrevistadas reconhecem que bons resultados estão intimamente conectados à felicidade das equipes.

O mesmo levantamento indicou ainda uma melhora na percepção dos próprios profissionais sobre seus atuais empregos, sendo que 79% deles se sentem, de modo geral, felizes com o trabalho.

Segundo a pesquisa, tal sentimento é fruto principalmente de cinco fatores (ao lado de cada item consta a porcentagem dos respondentes): gostar muito da profissão, 69%; ter equilíbrio entre vida pessoal e profissional, 62%; ser tratado com igualdade e respeito, com 58%; sentir-se orgulhoso da empresa que trabalha, 53%; e ainda estar realizado com o que faz, 51%.

A remuneração adequada permite que o profissional viva em equilíbrio e entenda que é respeitado por seu empregador, mas, apesar de extremamente relevante, observe que nesse ranking a questão salarial não está entre os motivos essenciais para ter felicidade no trabalho, e sim a relação com o ambiente laboral.

E quem é o maior responsável por fornecer um bom ambiente? Para entendermos basta olharmos para outra conclusão do relatório: 94% desses profissionais acreditam que sua satisfação é influenciada diretamente pela atuação de seus líderes.

Estado de flow
Se trabalhar em prol do bem-estar do time não é perda de tempo, pois envolve boa parte do sucesso da empresa, como um bom líder pode extrair o melhor de seus liderados sem cair no uso de SUBTERFÚGIOS sujos, como a manipulação?

É difícil imaginar como chefes pessimistas poderiam gerar engajamento em seus liderados e contribuir para um ambiente de segurança psicológica a ponto de todos se sentirem entusiasmados no trabalho.

Todos reconhecemos que pressão por resultados é uma condição frequente na vida de um líder e que manter o equilíbrio emocional diante de tantos desafios não é fácil. Quanto mais estratégica é sua posição de liderança, mais de você será exigido. Essa rotina gera desgastes e uma tensão que muitas vezes desestabiliza quem conduz suas equipes.

Buscar a plenitude laboral com segurança psicológica é um importante requisito para que os líderes atinjam o equilíbrio emocional necessário para atuar em sua máxima capacidade.

Para a psicologia positiva, essa busca por harmonia interior dá origem ao conceito denominado estado de flow, responsável por canalizar nossas emoções para transformar nossas ações em uma jornada prazerosa, gerando motivação. É no estado de flow que atingimos uma espécie de platô de desenvolvimento, em que nossas tarefas do dia a dia deixam de ser um fardo.

O psicólogo Mihaly Csikszentmihalyi foi o primeiro a definir na literatura o termo "flow", ou experiência fluída, como um estado de consciência no qual a pessoa que o experiencia está absolutamente envolvida numa atividade, sentindo-se bem pelo simples fato de a desempenhar e perdendo, inclusive, a noção da passagem do tempo.[5]

Então, podemos dizer que estar em estado de flow é quando nos sentimos tão seguros e satisfeitos no trabalho que nos desconectamos do mundo ao redor a ponto de não ver a horas passarem. Você, assim como eu, provavelmente teve essa experiência e ela é realmente maravilhosa, concorda?

É possível estimular o estado de flow em suas equipes?
Você provavelmente já jogou para aliviar suas tensões, certo? Pode ter sido naquele joguinho no celular, no computador ou até mesmo em um console.

Relembre agora como foi sua experiência nesse(s) jogo(s). Você se sentiu tão imerso ao passar pelos desafios que continuou jogando até "zerar" o jogo ou em algum momento as fases ficaram tão difíceis que você acabou abandonando-o?

---

5 Mihaly Csikszentmihalyi. *Flow: The Psychology of Optimal Experience*. Nova York: Harper Perennial Modern Classics, 2018. [Ed. bras.: *Flow: A psicologia do alto desempenho e da felicidade*. Ed. rev. e atual. Rio de Janeiro: Objetiva, 2020.]

Mihaly explicou o estado de "fluxo" ou "fluidez" em seu emblemático TED Talk em 2014, defendendo que a experiência do estado de flow é caracterizada por um equilíbrio entre desafio e competência, fundindo ação e consciência para gerar uma sensação de prazer.

Encontrar estabilidade entre a dificuldade do jogo e a habilidade do jogador não é acaso. O mercado de *game design* se vale do conceito de estado de flow para manter seus jogadores conectados por mais tempo.

Essa teoria é extremamente útil e poderosa no desenvolvimento de jogos, pois projeta uma evolução que visa acompanhar o ganho de experiência do jogador conforme ele avança no game.

É por isso que a maioria dos jogos começa fácil, até mesmo para acostumar quem joga pela primeira vez, e, ao longo da jornada, vai ficando mais difícil depois que o jogador já adquiriu habilidades suficientes para superá-lo, o que manterá a pessoa por mais tempo em estado de flow.

Essa estratégia, plenamente viável para o mundo corporativo e que inconscientemente foi utilizada por Leônidas em seus times, é baseada em um gráfico também desenvolvido por Csikszentmihalyi, que demonstra a relação destes dois grandes eixos:

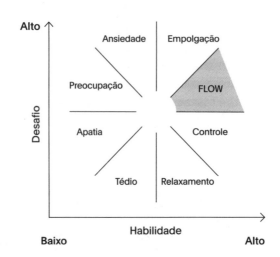

Gráfico 3 – Estado de flow, de Mihaly Csikszentmihalyi

Veja que esses mesmos sentimentos são identificados no ambiente laboral quando um conjunto de tarefas é distribuído para a equipe. É natural que atividades mais complexas entregues para novatos que não sabem como desenvolvê-las gerem um elevado grau de ansiedade e não deem o retorno desejado, assim como o ato de não desafiar profissionais experientes promove um relaxamento que prejudica a motivação e não aproveita todo o potencial desses colaboradores.

Aumentar as chances para que cada membro do time, em seus diferentes graus de maturidade, atinja o estado de flow em sua rotina é o segredo para ter uma equipe de alta performance.

Para aqueles líderes que buscam aproveitar e extrair o melhor de cada membro do time por meio do estado de flow, é necessário cumprir com três condições básicas, promovendo um clima que favoreça tal afloramento. São elas:

1. **Atividades com propósito**: Saber o motivo pelo qual desempenhamos uma tarefa é o que gera conexão com nosso propósito. Não importa se a atividade é operacional ou se ela de alguma forma contribui para um bem maior, e este é convergente com nossos valores pessoais. Ao entender as razões para executá-la, estaremos mais engajados para realizá-la.

2. **Feedbacks imediatos**: Assim como os jogos eletrônicos dão feedbacks instantâneos quando passamos ou não de fases, o acompanhamento e a evolução precisam ser compreendidos a fim de manter o estímulo do liderado para continuar se superando. Mais do que receber um feedback negativo de que algo foi feito errado, a comunicação expressa e imediata é o que promove maior agilidade de correção de curso.

3. **Equilíbrio perfeito entre desafio × habilidade**: Calibrar esses dois eixos individualmente é a principal condição para manter a equipe engajada. Caberá ao líder ponderar sobre a distribuição e eventuais mudanças de tarefas entre os membros do time para que o equilíbrio seja mantido diariamente.

Para Sérgio Fantin, em seu artigo *O líder positivo como promotor do estado de flow na empresa*, a responsabilidade de estimular o estado de flow evidenciando as capacidades, qualidades e habilidades de cada liderado em benefício da equipe é da liderança.[6]

Mesmo sendo um estado alcançado individualmente sem esforço consciente e gerado de forma espontânea, cabe ao líder oferecer um ambiente propício para que os indivíduos atinjam esse nível de imersão e alta concentração.

Tal estímulo acontece quando esses líderes positivos conseguem, por meio de seus próprios exemplos, demonstrar sua satisfação e plenitude com o trabalho que realizam. É por isso que interrupções sem sentido, microgerenciamento, pressão e ansiedade reduzem significantemente a oportunidade de um liderado alcançar seu estado de flow.

 Líder é aquele que tira barreiras para os liderados seguirem adiante em vez de criar mais delas para atrapalhá-los!

---

[6] Sérgio Fantin, "O líder positivo como promotor do estado de flow na empresa". 24 out. 2018. Disponível em: <https://www.linkedin.com/pulse/o-l%C3%ADder-positivo-como-promotor-do-estado-de-flow-na-empresa-fantin/?originalSubdomain=pt>. Acesso em: 26 ago. 2024.

CONSIDERAÇÕES FINAIS

O FUTURO DA LIDERANÇA

Quiet ambition: nem todo mundo está a fim de liderar

Vivemos um momento singular de reflexão. Nunca se debateu tanto como agora a importância da saúde mental dentro e fora do ambiente de trabalho. Valores pessoais foram ressignificados e o modo de pensar a vida tomou outra proporção, principalmente para as gerações mais jovens.

Enquanto a maior parcela de profissionais economicamente ativa hoje no país e no mundo foi sugada por métodos antiquados de gestão, moldados pela agressividade do mercado e por seu apetite insaciável por resultados, quem entra no mercado de trabalho atual tem um modo de pensar diferente.

Priorizando a simplicidade, o afeto e a convivência com a família, muitos jovens da geração Z estão rejeitando posições de liderança em nome do equilíbrio de vida e da saúde física e mental.

O termo "quiet ambition" surgiu em uma reportagem da revista americana *Fortune*, publicada em 2023, e denomina esse movimento de falta de "ambição" por cargos de gestão de pessoas.

Essa expressão vem sendo discutida como uma tendência que ameaça a sucessão nas empresas, pois pode gerar escassez e, assim, abrir uma demanda gigante de contratação de líderes no mercado de trabalho.

Porém, antes de rotularmos essa falta de desejo como inércia ou preguiça, precisamos refletir sobre as possíveis origens desse fenômeno. Será que os jovens que estão começando sua vida laboral não cresceram rodeados por exemplos ruins? A convivência com pais e mães ausentes, estressados o tempo todo, alheios ao convívio com a família, pode ter deixado aprendizados que os filhos não queiram repetir.

Fora isso, temos que compreender que o mercado de trabalho hoje continua reforçando a crença de que se tornar líder é abdicar da vida pessoal, pois só assim esse gestor atingirá sucesso profissional.

Assim como esses jovens têm suas dúvidas, creio que deve ter sido muito difícil para você chegar até o fim deste livro sem ter se perguntado se realmente é vantajoso ser um líder. Foram tantas páginas demonstrando os desafios e problemas que permeiam a liderança que talvez isso tenha lhe deixado um gosto amargo na boca.

A verdade é que, se simplesmente julgarmos essa atitude dos mais jovens como mera imaturidade, vamos perder a oportunidade de alterar aquilo que precisa ser mudado e melhorado.

Talvez essa tendência de falta de mão de obra de liderança possa evidenciar que tal escassez não corresponda diretamente ao desinteresse pela posição, mas demonstre a conscientização de que esse modelo de gestão antiquado leva líderes ao fracasso pessoal. Nesse sentido, existe uma genuína e válida preocupação de quem não quer ocupar essa posição.

Outra possível razão está na valorização dada a esse profissional. Um estudo recente da Gallup[1] mostrou que 71% das pessoas declararam que se tivessem um aumento no salário atual e acesso a melhores benefícios se sentiriam incentivadas a se tornarem líderes no futuro.

Existe, portanto, uma clara defasagem entre o que está sendo ofertado em termos de remuneração para líderes e

---

[1] GALLUP. *State of the Global Workplace*. Disponível em: <https://www.gallup.com/workplace/349484/state-of-the-global-workplace-2022-report.aspx?utm_source=substack&utm_medium=email&thank-you-report-form=1>. Acesso em: 13 ago. 2024.

do que esses candidatos precisão abrir mão (como a vida pessoal) ao assumir o cargo.

É claro que há aqueles que realmente não almejam, até por falta de "vocação", encarar o papel de liderança. Essa constatação nos remete a outro erro bastante comum nas empresas: não saber valorizar de forma correta bons profissionais onde eles são realmente bons.

Estruturas altamente hierarquizadas costumam incentivar e, por consequência, pagar melhor os líderes. Essa prática distorce os parâmetros do que é, de fato, entrega de valor dentro da organização.

Assumindo que os líderes são os únicos responsáveis pela performance da equipe, essas empresas se esquecem dos demais colaboradores que são tão merecedores de atenção quanto os líderes ou, quando o fazem, é por meio do oferecimento de um cargo de liderança que nem todos querem ocupar.

Assim, nasce outro típico chefe: o paraquedista. Aquele que assume uma posição sem preparo e sem as habilidades para desempenhá-la, mas que teve que aceitar a promoção por esse desafio ser a única maneira de ser recompensado por seus méritos na organização.

É preciso estabelecer novos métodos de valorização, horizontalizando as decisões e empoderando o time para que o poder seja distribuído entre todos e não fique concentrado em poucos.

Gestão libertária

Não foi por acaso que decidi iniciar a parte final deste nosso bate-papo com o tema *quiet ambition*. Falar sobre o distanciamento que os jovens vêm tomando da liderança era necessário a fim de refletirmos para onde estamos caminhando e o que futuro (ou o presente) nos reserva dentro do mercado de trabalho.

Para ressignificar a liderança não bastará que a empresa exija de seus líderes um tratamento respeitoso a seus funcionários. Será necessária a aplicação de uma cultura igualitária e isonômica para líderes e funcionários. Não queremos com isso reduzir a importância do papel do líder, mas reforçar o propósito de elevar o reconhecimento dos não líderes.

Precisamos com urgência parar de abordar a liderança como uma casta intocável, cheia de privilégios e com carta branca para fazer o que bem entenderem, pois não podem agir assim.

Ter poder constituído através de um cargo formal não é sinônimo de que a pessoa conseguirá inspirar a equipe. Porém, ter parte desse poder por meio da autonomia é essencial para que os não líderes sintam conforto e segurança para se apropriarem de sua criatividade e assim exercerem seu trabalho com dignidade e independência.

Essa distribuição de poder é o propósito da gestão libertária. A abordagem baseada nos princípios do libertarianismo e do objetivismo, apresentados pela escritora e filósofa Ayn Rand, principalmente em sua obra *A revolta de Atlas*,[2] defende que todo indivíduo deve ser livre para conduzir suas próprias ações e assumir a responsabilidade de suas consequências.

O princípio da gestão libertária é que as empresas descentralizem o poder, dando autonomia para que os funcionários maduros tenham controle máximo sobre suas atribuições e atividades.

Em uma empresa tipicamente libertária a hierarquia é horizontalizada, com poucos ou nenhum nível gerencial. Cada trabalhador é considerado um intraempreendedor, ou seja, responsável por seu desenvolvimento e, por consequência, pelo crescimento e sucesso da organização.

Você talvez deva estar se perguntando se existem empresas grandes e exitosas o suficiente para acreditarmos que esse modelo seja realmente crível, e a resposta é sim. Há empresas globais que valem bilhões de dólares e são regidas por comunicação e tomada de decisões horizontais, como

---

2 Ayn Rand. *A revolta de Atlas*. Rio de Janeiro: Arqueiro, 2017.

Uber e Spotify. No Brasil também temos exemplos bastante simbólicos que funcionam com gestão libertária, como é o caso da XP Investimentos por meio do conceito de escritórios independentes.

O fim do método de comando e controle, e o início de uma era libertária

Apesar de ainda existirem milhares de empresas no Brasil alicerçadas pelo método comando e controle, sabemos que o mundo mudou, deixando cada vez mais essa prática em desuso. Talvez em um passado remoto esse conceito militar tenha gerado frutos suficientes no ambiente de trabalho para ter se alastrado pelo globo, mas atualmente é comprovadamente ineficaz.

Utilizada desde a Guerra Fria, a sigla C^2 (*command and control*) faz referência a esse processo de doutrinação por autoridade, ou seja, de alguém que se vale de sua alçada superior para direcionar e controlar tropas e recursos de combate.

Adaptado pelo mundo corporativo no século passado, esse movimento concentrou o poder de tal maneira em poucos cargos que contribuiu significativamente com a sobrevivência de todos os absurdos que repassamos ao longo desta obra até os dias de hoje.

Buscando um novo método de empreender em um mundo Bani — do inglês, *brittle, anxious, nonlinear* e *incomprehensible* (em português: frágil, ansioso, não linear e incompreensível) —, vimos empresas nascerem já utilizando a gestão libertária. A maioria formada por startups e *scale-ups* que precisavam de um modelo completamente diferente de liderança que ajudaria a cumprir com a ambição de transformarem setores inteiros da economia.

A visão de que todo colaborador tem a mesma importância que os fundadores trouxe para essas organizações o sentido de valorizar democraticamente o resultado individual como pequenas parcelas para a construção de um objetivo único.

Engana-se quem acredita que falamos de modelos coletivistas, socialistas e altruístas. Na gestão libertária, o objetivo ainda é o lucro. Só que o crescimento é distribuído para todos os envolvidos no *core business* da empresa, sem distinção.

É possível implantar a gestão libertária em empresas tradicionais?
Todo sonho grande pode e deve começar pequeno. Não podemos nos iludir e acreditar que, do dia para a noite, nossas estruturas tradicionais altamente hierarquizadas e que valorizam a existência de castas organizacionais vão virar empresas libertárias.

Não será fazendo comparações com companhias de sucesso que se valem desse modelo ou na divulgação de como ele é filosoficamente bonito que a alta direção de uma organização tradicional vai comprar tal desafio. Aliás, existem grandes chances de ela achar toda essa história um completo absurdo.

A gestão libertária enfrenta forte resistência de quem acredita que o fato gerador do resultado é o poder, não a autonomia. O subconsciente empresarial continua reverberando a ideia de que todos os profissionais são imaturos o suficiente para não conhecerem suas responsabilidades e por isso precisam ser observados de perto.

O medo dessa liberdade é o principal motivo para que empresas não queiram nem testar tal possibilidade e continuam oprimindo seus funcionários, até mesmo dizendo aos mais experientes como eles devem trabalhar.

O modelo proposto por uma empresa com fundamentos libertários é de que o próprio sistema identifica, ajuda mutuamente e, caso seja necessário, expurga quem não compreende sua importância dentro de uma estrutura livre. No entanto, isso não quer dizer que todas as empresas estejam prontas para realizar tal movimento.

É necessária uma profunda mudança cultural que, na maioria das vezes, se inicia em áreas específicas e vai se espalhando como um teste de autonomia para as demais equipes, provando aos poucos que o modelo é sustentável.

Assim como outras mudanças estruturantes, a gestão libertária não obterá sucesso se for uma estratégia conduzida de forma *top-down*, já que é exatamente essa visão a ser descontruída. Sem dúvida, o apoio da alta direção é fundamental, mas ela precisará dar força para que a mudança aconteça naturalmente nas pontas, e não de maneira impositiva. Os líderes intermediários dessas companhias tradicionais que têm o poder constituído pelo método de comando e controle, e que estão dispostos a conceder autonomia ao time podem se valer dessa arma para iniciar o processo de mutação interna. Experimentar e corrigir anomalias ao longo da jornada de implantação em grupos menores vai, aos poucos, demonstrar como a liberdade pode gerar frutos mais interessantes que o modelo de cobrança de tarefas.

 Sem autonomia, pessoas que não sabem nada sobre um problema se fecham numa sala para discuti-lo enquanto quem tem a solução fica para fora!

O processo de horizontalização de uma equipe não se deve apenas à nova postura do líder, o que dá maior independência a seus liderados, mas aumentando a maturidade do time.

A mudança se aprofunda quando deparamos com a necessidade de ampliar o leque de habilidades entre os membros da equipe a partir da transformação de cada um deles em resolvedores de problemas. Um time autogerenciado é capaz de coordenar, analisar, diagnosticar e responder a qualquer desafio.

Isso quer dizer que todos os seus membros deverão ser especialistas em tudo? Não, e sim que todos conseguem desenhar soluções para um problema justamente por conhecerem a virtude de cada colega, pedindo apoio nas situações em que eles podem contribuir com suas competências individuais.

É nesse ponto que vemos a humildade permear as relações de um time autogerenciado. Dividir o poder, seja de decisão, de execução, seja do ônus e do bônus, é condição primária para vencer.

Esse modelo não é novo, popularizou-se nos Estados Unidos nos anos 1960, e atualmente mais de 80% das companhias listadas na Fortune 1000, um ranking das maiores empresas americanas, possuem times autogerenciáveis.

No Brasil esse modelo ainda é predominante em empresas de tecnologia, de serviços de consultoria e agências de publicidade, mas vem avançando para organizações mais tradicionais e verticais, como as do setor da educação, por exemplo.

Chegar a esse nível de confiança mútua não é simples e precisa de um profundo exercício de desapego. Equipes autogerenciadas só existem e sobrevivem quando o líder distribui o poder igualmente entre todos os membros do time.

Na prática, empresas corajosas vão compreender que, para um novo modelo aflorar, precisarão sufocar o anterior, mudando a consciência desses chefes munidos de poder ou demitindo-os.

Liderando rumo ao futuro e não ao passado

Uma característica comum entre líderes mundo afora e que se exacerba em chefes ruins é a incapacidade de trabalhar com a diversidade.

Quando identificamos que a desconstrução da liderança clássica, pautada pelo método de comando e controle, pode estar ligada ao aumento da heterogeneidade do time, detectamos uma dificuldade comum em liderar sob vários prismas.[3]

Não estamos falando apenas da falta de diversidade religiosa, cultural, geracional, racial e de gênero, que continua

---

3 Sônia Lesse, "Liderar agora para impulsionar os resultados inovativos nas organizações". 1 dez. 2022. Disponível em: <https://www.rdstation.com/blog/noticias/lideranca-inclusiva-diversidade-inclusao/>. Acesso em: 26 ago. 2024.

assolando as empresas e impedindo que o abismo social diminua, mas da ausência de diferentes competências técnicas e emocionais que compõem um time heterogêneo.

Essa escassez é consequência de uma estratégia equivocada de recrutamento e seleção que padroniza demais as descrições de vagas a fim de atrair profissionais que se enquadrem no modelo tradicional de *hard skills* para "fazer o que precisa ser feito".

Muitas empresas até tentam abarcar um rol de *soft skills* para satisfação e cumprimento de uma agenda de *employer branding*, estratégia que busca vender uma boa reputação para os candidatos, mas que não passa na maioria das vezes de uma jogada de marketing.

Enquanto a companhia se vende como um bom lugar para se trabalhar, os recrutadores e gestores continuam preferindo contratar profissionais por suas competências técnicas e não por suas habilidades comportamentais, que, de fato, poderiam elevar o patamar do negócio. Dessa maneira, a companhia vira um ambiente de frustração, já que na contratação se promete liberdade, mas na prática seu uso é reprimido.

É no mínimo preocupante a forma como algumas empresas estão tratando assuntos relevantes como a "marca empregadora" e outros tantos pontos que merecem total atenção por sua capacidade real de mudar vidas.

A agenda ESG é o mais recente e cabal exemplo de como a falta de seriedade ao encarar temas que envolvem uma governança ambiental, social, corporativa e afins faz com que as coisas não evoluam no Brasil.

Já se vão mais de vinte anos desde que esse termo foi popularizado em um relatório apresentado por instituições financeiras e pela ONU, mas pouca coisa evoluiu por aqui. Em terras tupiniquins, a exigência do mercado de capitais imprimiu uma pressão maior para que as companhias listadas em bolsa se adequassem a essa agenda e mostrassem seus esforços para o cumprimento dela, buscando a redução de desigualdades sociais e a proteção das riquezas naturais do planeta. Infelizmente, essa preocupação não está na pauta de médias e pequenas empresas.

A consciência do consumidor talvez seja a mais importante bandeira para que organizações de porte menor (que não sofrem a pressão de acionistas) passem a cuidar dos impactos que suas atividades trazem para a sociedade como um todo, mas principalmente para a comunidade ao seu redor.

Enquanto algumas (poucas) organizações são canceladas nas redes sociais por infringirem alguma prática de ESG, obrigando-as a mudar imediatamente de postura, as demais continuam sem se preocupar com os resíduos poluidores que jogam na natureza, com o desenvolvimento social e, muito menos, com o massacre diário de seus funcionários por figuras sufocantes e tóxicas.

À beira da sexta Revolução Industrial
Mal engatinhamos quarta Revolução Industrial adentro e já estamos debatendo sobre a quinta e até uma sexta onda de transformação no contexto empresarial.

A tecnologia se desenvolve numa velocidade impressionante, desconstruindo nossos modelos mentais, e agora nos desafia a mergulhar em um profundo e talvez vitalício diálogo com a inteligência artificial (IA).

Hoje, não estamos apenas nos preocupando com automações que aumentam a eficiência de processos ou que suportam a cadeia de valor nos negócios, mas com aquelas mais avançadas que modificarão o fluxo decisório, tornando-o totalmente autônomo e conduzido por máquinas.

A primeira degustação que tivemos desse novo mundo foi no surgimento e na rápida popularização de ferramentas com IAs generativas, como ChatGPT, DALL-E e Midjourney, mostrando que elas são apenas a entrada de um enorme e exótico banquete que consumiremos no futuro.

A introdução desses instrumentos no cotidiano empresarial já começa a tomar contornos mais espessos, sugerindo uma iminente e contundente mudança de paradigma, visão essa já corroborada pelo Fórum Econômico Mundial. Avaliando que a incorporação da IA no ambiente de trabalho deve aumentar o desempenho e a produtividade humana, o relatório de 2023 sobre o futuro dos empregos publicado pela entidade demonstra a expectativa de que "o raciocínio, a comunicação e a coordenação — todas características com vantagem comparativa para os seres humanos — serão mais automatizáveis no futuro".[4]

O impacto dessas tecnologias dentro das equipes deve gerar, como tudo indica, um amplo nivelamento de competências que antes ficavam sob a guarda apenas da liderança. Utilizando a IA para prever cenários e calcular riscos, todos os colaboradores de uma operação terão o mesmo grau de acuracidade para resolução de problemas e tomada de decisão a ponto de não precisarem mais que seus líderes digam o que devem fazer.

Nesse novo cenário com possibilidades infinitas, veremos uma transformação completa da habilidade de liderar em relação ao que conhecemos hoje. A autonomia não será uma concessão baseada na confiança, mas um ativo onipresente que permeará por toda empresa que busca agilidade e adaptação às mudanças constantes impressas pelo mercado, pela concorrência e pelo consumo.

Particularmente, vejo esse momento como uma oportunidade ímpar para discutirmos o papel do líder, colocando-o de uma vez por todas dentro do time e não acima dele.

Estamos muito próximos de uma solução que traga empresas saudáveis o suficiente para que talentos queiram permanecer nelas. A IA será uma ferramenta fundamental para valorizar a criatividade individual, dando mais segurança e independência para a equipe crescer junto com seus líderes e não "apesar deles".

Mas, para que o processo de valorização, retenção e amadurecimento de talentos vire realidade, precisaremos usar dessas inovações tecnológicas a fim de "hiperpersonalizar"

---

4 FÓRUM ECONÔMICO MUNDIAL. "Relatório sobre o Futuro dos Empregos 2023: Espera-se que até um quarto dos empregos mude nos próximos cinco anos". Disponível em: <https://www3.weforum.org/docs/WEF_Future_of_Jobs_2023_News_Release_PT_BR.pdf>. Acesso em: 13 ago. 2024

as relações trabalhistas da mesma forma que algumas empresas vanguardistas já fazem para seus clientes.

A hiperpersonalização como divisor de águas na gestão de pessoas

Não é de hoje que percebemos uma mudança significativa no padrão de consumo mundial. A consciência sobre o poder de escolha deixou os clientes, antes obrigados a comprar o que estava disponível, mais exigentes com seus próprios desejos.

Se antes éramos forçados a adquirir produtos e serviços "prontos e enlatados", atualmente temos uma gama quase infinita de opções, fora aquelas criadas sob medida para saciar nossas demandas.

A personalização mudou o mercado, pois passou a corresponder às expectativas dos consumidores que buscavam itens exclusivos para suas necessidades, cada vez mais pessoais. Em busca de tornar esse processo viável em escala, empresas utilizaram alta tecnologia a fim de entregar ofertas únicas e assertivas para as necessidades exclusivas de cada indivíduo.

A partir desse incremento tecnológico abarcado na personalização, nasceu a hiperpersonalização. Inicialmente como estratégia de marketing, visando aumentar a conversão de vendas, companhias foram apostando em IA e *machine learning* para coletar e decifrar informações sobre as preferências de seus clientes e assim prover soluções singulares a eles.

E, agora que toda essa parafernália foi implantada para fins comerciais, ela também pode ser testada para compreender dificuldades e ambições de quem está dentro das organizações. A hiperpersonalização para funcionários pode ajudar na identificação mais célere sobre o que cada colaborador precisa, almeja e espera da empresa onde trabalha, fornecendo um tratamento individualizado e pontual.

Não falamos apenas sobre detectar a necessidade de *reskilling*, que remete à reciclagem de conhecimentos defasados, e *upskilling*, que visa dar novas competências ao colaborador para que ele melhore seu rendimento, provendo treinamentos específicos que supram *gaps* de desenvolvimento individual, mas de uma profunda análise 360 graus a respeito do que cada funcionário passa na empresa para ajudá-lo a crescer como profissional e como pessoa.

O uso da hiperpersonalização pode ser uma mudança de patamar jamais experimentada na gestão de pessoas, melhorando a compreensão sobre os colaboradores, dando profundidade à análise do líder, que passará a ter papel de mentor da jornada profissional, e provendo um tratamento personalizado.

Para isso ocorrer, será necessário respeitar a singularidade do indivíduo, considerando que esse é um fator determinante para o sucesso da liderança e, consequentemente, das organizações.

 Não adianta aplicarmos em nossas empresas tecnologias avançadas da sexta Revolução Industrial se continuamos liderando como se estivéssemos no século XIX.

Agora, chegou o momento de você colocar tudo isso em prática!

Estamos perto do final desta caminhada que trilhamos juntos, mas ela marca o início de sua longa e desafiadora jornada individual.

Mesmo com toda a intimidade que você e eu criamos durante este bate-papo, ainda continuo desconhecendo sua realidade. Os incontáveis exemplos que pavimentaram os conceitos sobre os quais nos debruçamos formam uma espécie de simulação da vida real, porém a prática mostrará diferenças (sutis ou não) pelo que você vai passar durante sua trajetória profissional, incluindo conviver com um chefe tóxico.

Duvido que, ao longo dos capítulos anteriores, eu tenha coberto todos os tipos de situações absurdas que você, leitor, passou ou ainda passará, mas tenho certeza de que apresentei inúmeras estratégias para te ajudar a se tornar um profissional mais perspicaz ao lidar com os desafios que envolvem a liderança, seja como liderado, seja como candidato a líder.

Apesar de agora seguirmos caminhos distintos, lembre-se de que você não está e nunca estará sozinho. Não se isole ou tente ser o super-herói que vai contra os males que assolam o mundo corporativo e o mercado de trabalho. Tampouco se prenda a um lugar que te faz mal por gratidão. Isso causará desgaste e tirará o brilho de seus olhos. De todas as experiências que compartilhei e dos ensinamentos que transmiti por aqui, o que julgo ser o mais relevante é construir uma rede de apoio. Compartilhar sua angústia com pessoas de sua confiança pode desafogar o peso diário, mas não esqueça que nada substitui acompanhamento profissional. Sabemos que a saúde mental é a primeira a ser afetada em situações de opressão e desrespeito, então não vire as costas para os sinais, busque alguém que tenha as ferramentas certas para te ajudar nesse período difícil.

Saiba que compreendo e sou empático à sua situação. Nem sempre será possível deixar imediatamente um chefe que suga sua energia, afinal todos temos boletos e compromissos a cumprir no final do mês. Mesmo assim, lute diariamente para que seu currículo, suas competências e sua inteligência emocional estejam calibrados para que, na primeira oportunidade, você dê adeus a esse fardo.

Nossa maior vitória, enquanto profissionais, é construir nossa autonomia de escolha. Se o mercado será cada vez mais acirrado e a oferta de empregos saudáveis cada vez menor, caberá a cada um de nós desenvolvermos nossa marca pessoal para nos mantermos desejados e procurados por boas companhias.

Não vou mentir, será um caminho difícil, porém mais fácil e menos degradante que apostar suas fichas em melhorar empresas e chefes que não querem ser melhores. Nesses casos, sua maior resposta será deixá-los sem a honra de seu talento!

Uma última e singela mensagem

Quando idealizei o desfecho desta nossa jornada chamada *Manual antichefe*, pensei em dedicar sua conclusão fazendo uma homenagem (mais que justa) a meus verdadeiros mentores que ajudaram, cada um com seu tijolinho, a construir meu jeitão particular de liderar.

Para não ser injusto nessa homenagem, deixando de fora alguns desses mestres com quem tive a honrar de conviver (e não foram poucos), busquei um critério para eleger apenas um que representasse tão bem esses brilhantes profissionais.

Eleger alguém à altura de todos outros não seria fácil. Seria necessário transitar por minhas memórias ao longo de vinte anos de carreira, mergulhando em um passado recheado de desafios, vitórias e também derrotas.

Além de buscar um representante para a homenagem, relembrar cada conversa franca, ética e respeitosa que tive com meus antigos líderes reforçou ainda mais minha esperança de que é possível encontrar ambientes saudáveis, criativos e justos onde se trabalhar.

Durante essa saudosa viagem no tempo, me deparei com um personagem muito simbólico, que marcou positivamente minha carreira e me ensinou o que é, de fato, a responsabilidade de inspirar pessoas: Orlando Ferreira Jr., o meu primeiro e GRANDE líder.

Seria impossível me despedir de você, caro leitor, sem falar sobre ele, que foi meu maior professor no mundo corporativo. Foram mais de doze anos de convivência, sendo metade desse tempo como meu gestor direto e, depois, como amigo e mentor de carreira e de vida.

Depois de o eleger como o protagonista desta última passagem do livro, imaginei como poderia contar, com riqueza de detalhes, o quão transformador foi tê-lo a meu lado em minha jornada de construção profissional.

Ensaiei diversas maneiras de colocar no papel tudo o que Orlando representava para mim, mas no final nada trazia o peso de ouvi-lo. Foi então que compreendi que seria mais sábio de minha parte presenteá-lo, dando-lhe este espaço para que fale diretamente com você em vez de eu falhar ao compartilhar seus ensinamentos.

Ouvir (ou, no caso deste livro, ler) o Orlando é uma oportunidade memorável que você, prezado leitor, terá para compreender como líderes éticos, justos, francos e inspiradores pensam e trabalham e, acima de tudo, como eles VALORIZAM AS PESSOAS!

Eu me despeço aqui com o sentimento de dever cumprido, não apenas por ter finalizado uma obra da qual me orgulho de ter construído com tantas mãos amigas, mas, em especial, por passar a mensagem que eu mesmo gostaria de ter recebido em meu primeiro dia no mercado de trabalho.

Espero que você tenha aproveitado a jornada e que ela tenha trazido conhecimentos importantes para te transformar em um profissional melhor, aumentando suas *skills* para lidar com seus líderes e suas equipes, porém, principalmente, se autoliderar!

Carta de um líder especial
por **Orlando Ferreira Jr.**
Executivo e ex-VP de Operações da Cogna Educação

Liderar é difícil. É cansativo. É estressante. O líder tem todas as ações avaliadas, seja pela equipe, seja pelos superiores, pelos pares e, principalmente, por ele mesmo. A carga emocional pode ser ainda mais elevada se o líder não tiver clareza de quem é.

Normalmente um líder conhece muito bem seus pontos fortes. É provável que tenha recebido elogios por esses comportamentos e até tenha sido promovido por causa deles. Um funcionário assume a posição de líder depois de uma temporada de sucesso em sua posição anterior. Chega acostumado a acertar.

A liderança é exercida em todas as ações do líder, não apenas nas grandes decisões, tomadas depois de análises detalhadas e com a consciência de sua importância. Nessas pequenas decisões, que ele toma a todo tempo, mora uma armadilha: o poder do hábito de recorrer ao que sempre funcionou, que foi garantia de sucesso até então e que o líder já faz sem pensar. É uma armadilha porque o papel desse indivíduo mudou. É preciso aprender de novo. E aprender na prática é um processo que pressupõe errar.

Habituado ao sucesso, o novo líder sofre com seus erros, que colocam em xeque a identidade de profissional impecável que construiu ao longo do tempo.

Por isso, minha primeira mensagem a você, aspirante a líder, é: aprenda a lidar com seus erros. Saiba reconhecer os sentimentos que te acometem quando você percebe um equívoco, quando alguém sugere que sua decisão está errada ou quando fatos mostram que sua escolha não foi o melhor caminho.

Esses sentimentos podem, e geralmente vão, te colocar em modo de luta. E você pode querer usar sua arma recém-adquirida para ganhar essa briga: a autoridade de sua posição de chefia. Acredite, não vai funcionar.

Aprenda a evitar esse caminho, a evitar agir de forma automática. É difícil fazer isso, mas é possível. E é necessário.

Considere que você errou e se pergunte: o que eu não sei, ou não sabia, que me faria decidir de maneira diferente? Explore essa via. Você vai aprender coisas novas e mudar sua opinião. Ou ainda manterá a decisão. Ao se abrir a novas possibilidades, você diminui a chance de agir por impulso e brigar para manter sua posição apenas porque já se decidiu.

Em resumo: aprenda a identificar o sentimento e as sensações que te colocam em modo de briga quando se sente ameaçado por um erro. E, ao reconhecer que isso está acontecendo, faça algo para evitar o confronto. Questione-se sobre algo que talvez você não saiba e precisaria saber ou pergunte para a pessoa que te confronta quais os motivos que a levariam a tomar uma decisão diferente. Outra opção é sair de cena por alguns minutos até recuperar o domínio de suas ações e voltar com mais calma.

O ponto de partida é conhecer como o erro te afeta.

Conheça sua equipe

O líder tem uma equipe, e seu sucesso depende dela. Um bom líder conhece seus liderados e sabe colocar cada um deles na posição certa. É como um treinador escalando um time de futebol: a chance de vitória aumenta muito se cada jogador estiver em uma posição em que suas melhores habilidades podem ser usadas.

Habilidades são desenvolvidas por repetição, e repetimos o que gostamos de fazer. É mais simples incentivar alguém a realizar algo que aprecia do que algo que não aprecia. Ao colocar sua equipe em condições de usar suas melhores habilidades, o líder contribui, e muito, para a motivação dela.

Esse time é formado por pessoas, e elas são complexas. Enfrentam situações que podem impactar sua capacidade de fazer suas tarefas. O líder precisa desenvolver sua sensibilidade para perceber os sinais, que podem ser sutis, de que alguém está passando por uma situação dessas.

Também deve criar um espaço de confiança para que essa pessoa possa se sentir acolhida e apoiada para lidar com o problema. O líder que se fecha não saberá de muitos fatos que acontecem com a equipe, o que pode ser fatal para sua carreira.

Em resumo: conheça os pontos fortes de cada um de sua equipe, passe tempo com eles para conhecê-los bem e crie laços de confiança entre vocês.

O ponto de partida é ouvir com atenção.

Conheça seu chefe

A pessoa com mais impacto na carreira do novo líder é seu chefe. Ele pode garantir ou não os recursos que o líder e sua equipe precisam para desempenhar suas tarefas com sucesso.

E, surpresa!, o chefe também é uma pessoa complexa. É papel do novo líder conhecer seu chefe. Prepare-se para responder a este conjunto de perguntas: como ele prefere saber o que está acontecendo? Ele quer saber os detalhes ou prefere apenas os pontos principais? Quer saber disso por e-mail, por mensagens de WhatsApp ou pessoalmente?

Quando e como o chefe quer ser avisado sobre uma dificuldade com o cumprimento das metas estabelecidas? Ele deseja participar da seleção dos caminhos alternativos?

Espera que o líder tome as decisões e apenas o comunique? Ele quer tomar as decisões e espera que o líder apenas as execute?

Como o chefe avalia o desempenho do líder e como ele dá os retornos necessários? Ele faz isso de forma clara e direta? Avalia de maneira indireta? Ou simplesmente não avalia?

Quais são os desafios do chefe? Quais suas metas? Quais suas principais dificuldades? Quais seus pontos fortes? Como ele pode ajudar o líder? Como o líder pode ajudá-lo?

Sem saber sobre cada um desses itens profundamente, o novo líder perde uma ferramenta importante de crescimento: a avaliação contínua de seu superior.

Em resumo: conheça seu chefe e use isso para tê-lo como um aliado e mentor.

O ponto de partida é tomar a iniciativa e demonstrar interesse genuíno nessa relação.

Conheça sua empresa

A equipe do novo líder faz parte de uma organização maior. Ela depende de outros times para fazer seu trabalho, assim como afeta outras áreas da companhia.

Cada organização tem sua cultura, suas regras não escritas, comportamentos esperados e redes de relacionamento e poder informais.

As equipes competem por recursos. É papel do líder se relacionar com outras pessoas em sua organização de maneira que possa influenciar as decisões a fim de obter sucesso para seu time.

Há líderes que escolhem não fazer parte da política corporativa. É um erro enorme. Ao agir assim, o líder expõe a si e sua equipe a decisões que podem surpreendê-los negativamente.

Um bom líder possui e mantém relacionamentos dentro da organização. E é possível fazer isso de maneira legítima, evitando ações que não sejam éticas. Ele constrói uma rede que contempla influenciadores de sua equipe e influenciados por ela. Também inclui pessoas que possam orientar e sinalizar quando ele enfrenta dificuldades, uma rede de mentores de confiança.

Em resumo: conheça bem sua organização e use esse conhecimento para montar uma rede de apoio. Dedique energia a isso.

O ponto de partida é conhecer as equipes afetadas por seu time.

Conheça o mercado

A organização da qual o líder faz parte está inserida em um contexto econômico e mercadológico. É importante que o líder mantenha relações com pessoas desse meio para obter informações e conhecimento e para que possa ajudar e ser ajudado.

Concorrência não significa inimizade. Há pessoas que podem ajudar o líder, mesmo estando em outras organizações.

Esse olhar para fora da companhia é necessário para que o líder possa se manter atento a fatos, tendências ou notícias que afetam ou afetarão sua organização e sua equipe.

Em resumo: conheça o mercado onde sua organização está inserida e monte uma rede de apoio.

O ponto de partida é entender a dinâmica dos participantes de seu setor no mercado.

Uma última reflexão

O papel do líder é se relacionar. Primeiro, consigo mesmo. Depois, com equipe, chefe, pares, outros funcionários da organização e pessoas de fora da organização.

Cada um desses relacionamentos é único, e naturalmente haverá pessoas com as quais o líder terá mais afinidade. Com essas, o relacionamento é mais simples, com outras nem tanto.

Ter atenção especial às pessoas que o líder considera difícil de se relacionar é tão importante quanto estar atento àquelas de fácil trato. Evite a armadilha de não se relacionar com as primeiras apenas por não serem exatamente como você gostaria que fossem. Geralmente esses indivíduos têm pontos de *vista e opiniões diferentes por com os o líder pode aprender, em vez de ser surpreendido por suas ações.*

Desejo muito sucesso em sua jornada!

Orlando Jr.

 Bons profissionais não buscam empresas perfeitas, e sim empresas que respeitem sua história e valorizem sua entrega!

AGRADECIMENTOS

Logo após o lançamento de meu primeiro livro, *Carreiras exponenciais*, em 2021, decidi passar algumas semanas em Campo Grande, minha cidade natal. Mesmo focado na divulgação da obra, seria natural dedicar um tempinho para rever a família, amigos e ex-colegas de trabalho.

Entre gravações de podcast, entrevistas e outros compromissos, aproveitei uma manhã livre e convidei um amigo de infância para colocarmos a conversa em dia. Degustando nossos cappuccinos na movimentada avenida Afonso Pena, ele me relatava das dificuldades que vinha enfrentando em seu atual emprego. Apesar de ser dono de uma trajetória profissional invejável, ele se sentia frustrado com a relação tensa que mantinha com seu líder.

Pela primeira vez em sua carreira, ele estava sem autonomia, sem liberdade para criar e, o pior, sofrendo ameaças veladas de demissão simplesmente por se destacar a ponto de trazer riscos ao posto do imaturo chefe, que via nele um concorrente.

No bate-papo, que acabou passando de um simples cafezinho para almoço de tão intenso, recontamos nossos "causos" e percalços no mundo corporativo e como era difícil encontrar conteúdos que ajudassem profissionais que passavam pela mesma situação que a dele.

Os grandes livros de liderança que líamos até então traziam, em sua maioria esmagadora, estratégias e exemplos positivos de gestão. Recheados de boas práticas para auxiliar líderes de primeira viagem e até os mais cascudos, essas obras ensinavam como conduzir times de todos os tamanhos e complexidades por meio de histórias inspiradoras de quem conseguiu fazer de seus limões deliciosas limonadas.

Mas... e como ficavam aqueles que, como meu amigo, sofriam com uma liderança ruim? Onde tais experiências eram contadas? Em quais literaturas esses profissionais oprimidos por chefes tóxicos se amparavam para sobreviver e darem a volta por cima?

Gastamos alguns minutos pensando e podíamos contar nos dedos uma ou outra referência, mesmo assim não tinham dedicação exclusiva ao tema. Foram nessas indagações que encontrei um precioso e intacto limão para chamar de meu. Imbuído em mudar aquele cenário, dedicaria minha próxima obra para fazer uma limonada que, por dever, não seria adoçada.

Enquanto todo mundo focava em ensinar aquilo que deu certo, eu destacaria as dificuldades que ninguém tinha coragem de colocar no papel. Sem pudor, chegava o momento de beber de uma fonte inexplorada de conhecimento: as situações degradantes impostas por chefes tóxicos ao mercado de trabalho.

Assim nasceu o livro que você tem em mãos!

E, apesar de ser o organizador deste rico material, ele foi concebido por muitas mãos. O apoio de diversos profissionais que encararam comigo esta corajosa missão foi fundamental para entregar a você, leitor, uma experiência empática e cheia de aprendizados. Por isso, seria injusto da minha parte não ovacionar aqueles que dedicaram parte de seu tempo para fornecer ensinamentos, experiências e lições de vida.

A princípio quero agradecer ao grande amigo Luciano Santos, que gentilmente topou fazer o prefácio, trazendo a abertura desta obra com seu habitual brilhantismo.

A meu primeiro GRANDE LÍDER: Orlando Ferreira Jr., que tanto me inspirou e inspira. Seus ensinamentos, sua postura e seu senso de justiça me transformaram em um profissional melhor e foi por isso que entreguei, de olhos fechados, a mensagem final deste livro em suas mãos.

Agradeço imensamente a meu fiel escudeiro, o psicólogo Eduardo Godoy, pelos toques conceituais e a indicação das linhas de pesquisa em que eu deveria me aprofundar para alicerçar o *Manual antichefe*.

A Leônidas Barboza, ex-liderado e líder excepcional que tive oportunidade de ver nascer ("profissionalmente" falando) e que me permitiu contar sua linda história rumo a um alto cargo de liderança.

Meu muito obrigado ao professor Petter Anderson Lopes, que trouxe conhecimentos importantes sobre a teoria da tríade obscura e dos psicopatas corporativos, além, é claro, do mestre Richard Uchoa, que ilustrou com sua grande experiência como um líder de verdade deve tratar seu time.

Também quero deixar minha gratidão especial aos amigos do MPT, que me ajudaram com as diversas legislações trabalhistas sobre assédio e que visam proteger o profissional no ambiente laboral.

Por fim, agradeço às dezenas de histórias enviadas por meus seguidores nas redes sociais e que me foram confiadas sob sigilo para usar nesta obra. Os episódios de extrema crueldade pelos quais vocês passaram e que recheiam boa parte deste livro jamais serão esquecidos e servirão de alerta para evitar que outros passem pela mesma situação.

Boa sorte,
Eberson Terra

FONTES Greta, Plain
PAPEL Lux Cream 70 g/m²
IMPRESSÃO Maistype